ECCE HOMO

De como a gente se torna o que a gente é

Livros do autor publicados pela **L&PM** EDITORES:

Além do bem e do mal
O anticristo
Assim falou Zaratustra
Crepúsculo dos ídolos
Ecce homo
A filosofia na era trágica dos gregos
Nietzsche – obras escolhidas: Além do bem e do mal, O anticristo, Ecce homo
Por que sou tão sábio

Leia também na Coleção **L&PM** POCKET:

Assim falou Zaratustra (MANGÁ)
Nietzsche – Jean Granier (Série Encyclopaedia)
Nietzsche – Dorian Astor (Série biografias)

NIETZSCHE

ECCE HOMO

De como a gente se torna o que a gente é

Edição comentada

Tradução, organização, prefácio,
comentários e notas de
Marcelo Backes

www.lpm.com.br

L&PM POCKET

Coleção **L&PM** POCKET, vol. 301

Texto de acordo com a nova ortografia.

Título do original alemão: *Ecce homo. Wie man wird, was man ist.*
Edição baseada na Edição Crítica Completa da Obra de Nietzsche feita pela Walter de Gruyter & Co. de Berlim.

Primeira edição na Coleção **L&PM** POCKET: janeiro de 2003
Esta reimpressão: abril de 2024

Tradução: Marcelo Backes
Capa: Ivan Pinheiro Machado
Revisão: Jó Saldanha e Renato Deitos

ISBN 978-85-254-1249-2

N677e

Nietzsche, Friedrich Wilhelm, 1844-1900.
Ecce homo: de como a gente se torna o que a gente é/ Friedrich Wilhelm Nietzsche; tradução, organização e notas de Marcelo Backes. – Porto Alegre: L&PM, 2024.
192 p.; 18 cm. (Coleção L&PM POCKET; v. 301)

1.Nietzsche, Friedrich Wilhelm, 1844-1900-Autobiografia. 2.Filosofia-Nietzsche. I.Título. II.Série.

CDU 929 Nietzsche
141 Nietzsche

Catalogação elaborada por Izabel A. Merlo, CRB 10/329.

Rua Comendador Coruja, 314, loja 9 – Floresta – 90.220-180
Porto Alegre – RS – Brasil / Fone: 51.3225.5777

PEDIDOS & DEPTO. COMERCIAL: vendas@lpm.com.br
FALE CONOSCO: info@lpm.com.br
www.lpm.com.br

Impresso no Brasil
Outono de 2024

Sumário

Prefácio

Breve introdução à importância de Nietzsche

*Marcelo Backes**

Os intérpretes de Nietzsche sempre colocaram o filósofo no apogeu de um desenvolvimento, no fim de uma evolução, no auge de um processo histórico.

Karl Jaspers, o filósofo alemão, dividiu a história do pensamento ocidental em dois períodos, fazendo de Nietzsche um divisor de águas. Se antes dele dominava o "conhece-te a ti mesmo" socrático – que perdurou até Hegel, com o qual alcançou o ápice –, depois dele a filosofia se caracteriza por um profundo desengano em relação à racionalidade, pela dissolução de todos os elos e pela queda de todas as autoridades.

György Lukács, o crítico literário húngaro, esclareceu Nietzsche como o "destruidor da razão", a "expressão da ideologia reacionária do imperialismo mundial", principalmente no livro intitulado *De Nietzsche a Hitler ou o Irracionalismo e a Política Alemã.* Martin Heidegger, por sua vez, identificou Nietzsche como o último dos filósofos metafísicos e colocou o divisor de águas em si mesmo, dizendo ter sido ele o primeiro filósofo não metafísico da história da filosofia ocidental.

Max Weber, de sua parte, disse: "O mundo onde nós existimos em termos de pensamento é um mundo

* Marcelo Backes é escritor, tradutor, professor e crítico literário. É doutor em Germanística e Romanística pela Albert-Ludwigs-Universität de Freiburg, e foi professor de literatura brasileira e tradução na mesma universidade. Backes traduziu diversos clássicos da literatura alemã, entre eles obras de Schiller, Goethe, Nietzsche, Kafka e Arthur Schnitzler e organizou e prefaciou vários clássicos das literaturas brasileira e universal.

cunhado pelas figuras de Marx e Nietzsche". Michel Foucault desenvolveu a Teoria do Filósofo e a base de todo seu pensamento sobre a visão que desenvolvera a respeito da obra do pensador alemão. Foucault vê Marx e Hegel como os responsáveis pelo humanismo de seu tempo e Nietzsche como a opção não dialética – e, portanto, não humanista – a esse ponto de vista.

Fato é que Nietzsche foi um dos mais importantes pensadores alemães de todos os tempos e estendeu a área de suas influências para muito além da filosofia, adentrando a literatura, a poesia e todos os âmbitos das belas-artes. Influenciou movimentos que vão do naturalismo alemão ao modernismo vienense, e escritores tão diferentes quanto Heinrich e Thomas Mann. Com sua obra quebradiça e aparentemente fragmentária, que no fundo adquire uma vitalidade orgânica que lhe dá unidade através do aforismo, Nietzsche mostrou, desde o início, que todo artista genuíno tem de, de uma maneira ou de outra, conspurcar o próprio ninho. E Nietzsche, que nasceu cercado de moral por todos os lados, fez da moral o alvo de seus combates e considerou sua guerra pessoal contra ela sua maior vitória.

Chispas da obra

Nietzsche viveu sobre a navalha da interpretação. Mal-interpretado como filósofo, já em função de seu estilo poético, já devido à exploração de certos aspectos de seu pensamento – malversados pela irmã e pelo nazismo[1] –, Nietzsche foi, na realidade, um dos críticos mais ferozes da religião, da moral e da tradição filosófica do Ocidente.

O vigoroso espírito crítico de Nietzsche dirigiu-se especialmente contra a ética cristã. Se para ela o bom é

1. Ver o POSFÁCIO e seus dados biobibliográficos acerca de Nietzsche.

o humilde, o pacífico, o maleável, e o mau é o forte, o enérgico e o altivo, para Nietzsche essa é a moralidade de um mundo dividido entre senhores e escravos. O valor supremo que deve nortear o critério do que é bom, verdadeiro e belo é, para Nietzsche, a vontade do forte. Trocando em miúdos e esculpindo o pensamento de Nietzsche a grosso modo: é bom o que vem da força, é mau o que vem da fraqueza.

Nos "Ditos e Flechas" de *Crepúsculo dos ídolos*, Nietzsche faz um de seus alertas contra a moral, foco de seus ataques desde o princípio da vida filosófica. Ele, que sempre seguiu o mandato de Goethe que dizia que a "humildade é o postulado dos vagabundos", assegura que a humildade é (boa) para os vermes. Em *Humano, demasiado humano*, Nietzsche chegaria a corrigir o evangelista Lucas, que dissera no capítulo 18, versículo 14, de seu evangelho: "Quem rebaixa aos outros, quer elevar a si mesmo". Nietzsche alega que melhorou a sentença bíblica com a sua versão, rematadamente irônica e nitidamente realista: "Quem rebaixa a si mesmo, quer ser elevado".

Para Nietzsche o homem aspira à imortalidade, mas isso não significa – nem importa – nada, já que a realidade se repete a si mesma num devir renitente, que constitui o eterno retorno. O homem só se salva pela aceitação da finitude, pois assim se converte em dono de seu destino, se liberta do desespero para afirmar-se no gozo e na dor de existir. De modo que o futuro da humanidade depende dos super-homens[2], capazes de se sobrepor à fraqueza, e não da integração destes ao rebanho comum dos fracos.

O impressionismo de Nietzsche desvendava o mundo aforisticamente – sobretudo na parte intermediária de sua obra. Na verdade, o autor parece capaz de filosofar

2. Ver nota 41.

apenas através do espasmo do aforismo e do fulgor poético do ditirambo. Nietzsche filosofou em aforismos e ditirambos e – a humildade jamais fez parte de suas características – considerava-se o mestre do gênero na pátria literária de Lichtenberg. Num desses aforismos, o filósofo chegou a dizer: "O aforismo, a sentença, gêneros nos quais eu sou o primeiro entre os mestres alemães, são as formas da **Eternidade**; minha ambição é dizer, em dez frases, o que todos os outros dizem num livro... o que todos os outros **não** dizem num livro...".[3]

Ecce homo

De quebra – e talvez em resposta antecipada à barafunda de interpretações de que sua filosofia foi vítima – Nietzsche escreveu, ele mesmo, a melhor obra para entender a obra de Nietzsche. É o *Ecce homo*, sua autobiografia escrita aos quarenta e quatro anos, o último suspiro antes do declínio, um dos mais belos livros da história da literofilosofia universal.

Ecce Homo. De como a gente se torna o que a gente é é a mais poética – e a mais grandiosa – dentre as obras dedicadas ao egocentrismo humano, a mais singular entre as autobiografias que o mundo um dia conheceu. Gerada no limiar – inclusive temporal – entre a razão e a loucura, *Ecce homo* está longe de ser apenas o produto da insânia, inclusive porque – conforme Freud – preserva o domínio da forma. Além da referência crística do título – *Ecce homo* –, há a citação pindárica do subtítulo – *Como a gente se torna o que a gente é*. O *Genói hoios essí* ("Torna-te aquilo que tu és") de Píndaro fascinou

3. Uma coletânea dos aforismos mais combativos de Nietzsche – além de vários outros fulgores combativos dos principais escritores alemães – pode ser encontrada em meu livro *A Arte do Combate*, editado pela Boitempo Editorial.

Nietzsche desde os tempos de colegial, serviu de epígrafe a um de seus primeiros trabalhos filológicos, foi usado em diversas ocasiões e virou subtítulo de sua obra mais íntima, o *Ecce homo*.[4]

Antes de escrever a obra em prosa, Nietzsche escreveu o "Ecce homo" em versos. Ele faz parte de "Chiste, manha e vingança – Prelúdio em rimas alemãs", a maravilha que introduz a *Gaia ciência* e declara:

Ecce homo

Sim! Eu sei muito bem de onde venho!
Insaciável como a chama no lenho
Eu me inflamo e me consumo.
Tudo que eu toco vira luz,
Tudo que eu deixo, carvão e fumo.
Chama eu sou, sem dúvida.

Nos versos desse poema, Nietzsche resume sua filosofia, mostrando que ousa e arrisca, mandando a humildade às favas. "Ecce homo", o poema, antecipa *Ecce homo*, a autobiografia definitiva do autor. "De tudo aquilo que é escrito, me faz gosto de fato apenas aquilo que alguém escreve com sangue. Escreva com sangue e haverás de experimentar que sangue é espírito", disse Nietzsche em outro de seus aforismos. *Ecce homo* é uma obra em sangue, o sumo mais autêntico de um "eu" genial, que fez seu primeiro exercício autobiográfico já aos quatorze anos – com o opúsculo intitulado "Da minha vida" – e jamais deixou de se exprimir autobiografica-

---

4. O título do *Ecce homo*, assim como o da maior parte das obras de Nietzsche, é o resultado de várias mudanças. Nas anotações do legado do autor, pode ser constatado que o *Ecce homo*, antes de receber o título pelo qual foi conhecido, recebera o título provisório de *O espelho* (Der Spiegel), mais tarde de *In media vita*, e, mais tarde ainda, de *Ecce homo. In media vita*. Depois de mais um punhado de mudanças, o título final acabou sendo *Ecce homo. Wie man wird, was man ist.*

mente, de buscar em sua própria vida a matéria-prima para a sua obra. Ou alguém é capaz de ler o *Zaratustra* sem pensar na biografia de Nietzsche? Ou por acaso muitos dos aforismos de Nietzsche não são confissões em três linhas? Mesmo quando falava dos outros, sem usar o "eu" – caso das *Considerações extemporâneas* –, Nietzsche chega à conclusão de que no fundo falava "apenas de mim mesmo". Em *Além do bem e do mal,* as últimas dúvidas a respeito da questão foram dirimidas: "Toda a grande filosofia é a autoconfissão de seu autor e uma espécie de *mémoire* involuntária e despercebida". O *Ecce homo* é – portanto – o último elo de uma cadeia de observações acerca de si mesmo. Nele, conforme o já citado Freud, Nietzsche alcançou um grau de introspecção anímica que jamais foi alcançado por alguém e que dificilmente alguém voltará a alcançar um dia.

Depois de escrever que acha impreterível dizer ao mundo quem Nietzsche de fato é, Nietzsche abre o *Ecce homo* declarando que seu retrato surgirá da proclamação da diferença existente entre sua própria grandeza e a pequenez de sua época. Ao mesmo tempo em que diz que a última dentre as coisas que desejou com sua filosofia foi a de melhorar o mundo, declara que o que mais fez foi derrubar ídolos, macular deuses.

Já que a humildade nunca fez parte de sua índole, Nietzsche alerta desde logo que a sua é uma obra das alturas, e que se tem de ir muito alto para alcançá-la. Declara, ainda no prefácio, que o *Zaratustra* é o centro de sua produção, e não só o mais elevado dos livros que a humanidade concebeu, mas que a própria humanidade está numa distância incalculável abaixo dele. Diz também que o *Zaratustra* é o mais profundo dos livros surgidos do reino interior da verdade, uma fonte inesgotável da qual nenhum balde sobe sem estar carregado de ouro e bondade. E prossegue com a avaliação de sua vida e de sua obra...

Ecce homo. "Eis o homem", pois. Os príncipes dos sacerdotes e os ministros gritaram "Crucifica-o! Crucifica-o!", outros transformaram-no naquilo que ele jamais quis ser, o fundador de uma religião. Lavar as mãos diante dele, ninguém jamais lavou...

Nota sobre a tradução

A presente tradução vem acompanhada de um ADENDO em que recupero alguns trechos – e um poema inteiro – redigidos por Nietzsche e destinados ao *Ecce homo,* mas que acabaram – devido às circunstâncias mais diversas – não fazendo parte da versão final – e crítica – da obra. Todos eles são interessantes no esclarecimento da obra e do pensamento nietzscheano. Além dos trechos, cito duas cartas que dizem respeito direto ao *Ecce homo*. Tanto as cartas quanto os trechos e o poema foram buscados no polêmico livro de Erich Podach *Friedrich Nietzsches Werke des Zusammenbruchs* (As obras do colapso, Wolfgang Rothe Verlag, Heidelberg, 1961), embora constem também – alguns na condição de apêndice – na edição crítica de Colli e Montinari, que serviu de base a esta edição. Podach chega a afirmar categoricamente que o *Ecce homo,* na condição de obra acabada, é um fantasma, uma invenção daqueles que controlaram o legado de Nietzsche; ao fim declara, inclusive, que Peter Gast deitou e rolou sobre a obra, fazendo dela o que bem quis, por amor ao filósofo. As conclusões de Montinari não são tão categóricas nesse sentido e tendem a considerar o *Ecce homo* uma obra acabada. Unidade e forma, em todo caso, não faltam à presente obra.

As NOTAS DE RODAPÉ resumem-se a comentar o texto da autobiografia nietzschiana e seus arredores e a dar a procedência de suas citações. Nomes de lugares – os mais significativos –, de autores, deuses, figuras mitológicas – bem como as adjetivações delas advindas –, palavras pouco usuais e significativas e expressões estrangeiras (latinas e francesas sobretudo) poderão ser encontrados no GLOSSÁRIO GERAL – que vem ao final do livro, em ordem alfabética – sempre com comentários esclarecedores a respeito de sua função e/ou importância no trecho ou na obra de Nietzsche. Assim, por exemplo, quando o leitor consultar o nome de Wagner, encontrará um apanhado breve e geral de suas relações com Nietzsche; o mesmo acontecerá com os principais lugares pelos quais Nietzsche passou. De modo que o GLOSSÁRIO é, também, aparelho fundamental na constituição da biografia de Nietzsche e na compreensão de sua obra. Além do GLOSSÁRIO, há um POSFÁCIO, em que é comentada – de maneira breve – a biobibliografia de Nietzsche.

As partes destacadas por Nietzsche com espaçamento maior no texto original da Edição Crítica de suas Obras aparecem destacadas nesta tradução por negrito. As expressões estrangeiras, Nietzsche as usa sem destaque; mas elas são visíveis no original devido à caixa-baixa dos substantivos, que lhes dá relevo em meio ao texto alemão, e sua caixa-alta, aos substantivos. Por isso, a opção – aliás usual – pelo itálico, que ademais não confundirá o destaque intencional de Nietzsche – para o qual usei o negrito – com a usualidade da expressão estrangeira.

Prólogo

1.

Prevendo que em pouco terei de me dirigir à humanidade com a mais pesada das exigências que jamais foi colocada a ela,[1] parece-me imprescindível dizer **quem eu sou.** Na verdade, todo mundo já deveria saber disso: pois não negligenciei "testemunhos" a meu respeito. O desequilíbrio entre a grandeza da minha tarefa e a **pequenez** de meus contemporâneos ficou expresso no fato de que não me ouviram, nem sequer me viram. Eu vivo jogado à minha própria sorte... e talvez seja apenas um preconceito o fato de eu viver?... Basta apenas dirigir-me a um "homem culto" qualquer, que no verão chega até Alta Engadina, para ficar convencido de que eu **não** vivo... Sob essas circunstâncias, há uma obrigação contra a qual os meus hábitos, e ainda mais o orgulho de meus instintos, se revolta, a obrigação de dizer: **Ouçam-me! pois eu sou assim e assado. E, acima de tudo, não me confundam**![2]

1. Nietzsche refere-se – ao que tudo indica – a seu livro *Transvaloração de todos os valores* (Umwertung aller Werte), a obra derradeira, que o autor jamais levaria a cabo, à qual o *Ecce homo* seria uma espécie de prelúdio. (N.T.)

2. Em 1888, época da escritura do *Ecce homo* (o texto-base teria sido escrito, segundo a maior parte dos pesquisadores, de 15 de outubro, data em que completou 44 anos, a 4 de novembro), a fama de Nietzsche ainda era escassa e seus livros não vendiam. O filósofo chegou a pagar – ele mesmo – a edição de uma de suas principais obras: *Além do bem e do mal* (Jenseits von Gut und Böse) e imprimir em pequena edição privada a quarta parte do *Zaratustra*. Sua autobiografia tinha, portanto, um grande objetivo: dizer de si o que os outros ainda não haviam dito. Ademais, Nietzsche confessou a intenção (em carta a seu editor, de 6 de novembro de 1888) (cont.)

2.

Por exemplo... eu não sou, nem de longe, um bicho-papão, um monstro moral – eu inclusive sou uma natureza contrária a esse tipo de gente que até hoje foi venerada como virtuosa. Cá entre nós, parece-me que é exatamente isso que me deixa cheio de orgulho. Eu sou um aprendiz do filósofo Dioniso, e faço gosto antes em ser um sátiro do que um santo. Mas leiam esta minha obra... Talvez eu tenha logrado alcançá-lo, talvez esta obra não tenha nenhum outro objetivo que não o de expressar essa oposição de uma maneira serena e amável. A última coisa que **eu** haveria de prometer seria "melhorar" a humanidade. Eu não haverei de erigir nenhuns novos ídolos; que os velhos aprendam o que significa ter pés de barro. **Derribar ídolos** (a minha palavra para "ideais") –[3] isso sim é que faz parte de meu ofício. A realidade foi despojada de seu valor, de seu sentido, de sua veracidade justamente no mesmo grau em que foi **falsificado** um mundo ideal... O "mundo verdadeiro" e o "mundo aparente" – em alemão: o mundo **falsificado** e a realidade... A **mentira** do ideal foi, até agora, a blasfêmia contra a realidade; a própria humanidade foi enganada por ela e tornou-se falsa até o mais baixo de seus instintos – a ponto de adorar os valores **inversos** como se fossem aqueles com os quais ela poderia garantir para si a prosperidade, o futuro, o **direito** altivo ao futuro.

(cont.) de testar os limites da liberdade de expressão entre os alemães e preparar o caminho para a obra definitiva que tinha em mente, a já mencionada *Transvaloração de todos os valores* ou *O Anticristo,* que foi o que resultou dela. (N.T.)

3. O travessão é chamado, na língua alemã, de *Gedankenstrich,* o que significa, *ipsis verbis,* "traço do pensamento". Nietzsche faz uso constante dele, e sempre para antecipar um arremate decisivo. Na obra de Nietzsche o travessão tem a função estilística da pausa antes do golpe, do raio silencioso que antecede o trovão. (N.T.)

3.

– Quem sabe respirar o ar das minhas obras, sabe que ele é um ar das alturas, um ar **vigoroso**. A gente tem de ter sido feito para ele, caso contrário não é nem um pouco insignificante o perigo de se resfriar no contato com ele. O gelo está próximo, a solidão é terrível – mas como todas as coisas repousam calmas à luz! como se respira com liberdade! quantas coisas a gente não sente **abaixo** da gente!... A filosofia, assim como a entendi e vivenciei até agora, é a vida espontânea no gelo e nas montanhas mais altas – a procura de tudo que é estranho e duvidoso na existência, de tudo aquilo que até agora foi excomungado pela moral. De uma longa experiência, concedida por tais andanças nas terras do **proibido,** aprendi a ver os motivos a partir dos quais se praticou a moral e se construiu o ideal, de um modo bem diferente do que eventualmente poderia se desejar: a história **oculta** dos filósofos, a psicologia de seus nomes grandiosos veio à luz para mim. – Quanta é a verdade que um espírito **suporta,** quanta é a verdade que ele **ousa?** essa foi, para mim, e cada vez mais, a tábua para medir valores. Engano (– a crença no ideal –) não é cegueira, engano é **covardia**... Toda a conquista, todo o passo adiante no conhecimento é **consequência** da coragem, da dureza em relação a si mesmo, da decência consigo mesmo... Eu não refuto os ideais, eu apenas visto luvas diante deles... *Nitimur in* ***vetitum***:[4] é sob esse signo que

4. "Nós buscamos o proibido", referência à famosa frase do poeta latino Ovídio (43 a. C.-17), autor da *Ars amatoria* (ou *A arte de amar*), dos *Fasti* (Os fastos) e das *Metamorfoses*, entre outras obras. A tradução para as expressões estrangeiras – quando não forem citação expressa de um autor –, bem como alguma explicação sobre elas – quando for o caso –, deve ser buscada no GLOSSÁRIO que incrementa essa edição. (N.T.)

a minha filosofia sai vitoriosa, pois até agora sempre foi proibida fundamentalmente apenas a verdade...

4.

– Entre minhas obras o meu **Zaratustra**[5] ocupa um lugar à parte. Com ele dei à humanidade o maior presente que lhe foi dado até hoje. Esse livro, com sua voz que será ouvida ainda em milênios, não é apenas o livro mais alto que existe, o livro que traz o verdadeiro ar das alturas – o fato "homem", como um todo, se encontra numa distância monstruosa **abaixo** dele –, ele é também o **mais profundo,** que veio ao mundo da riqueza mais profunda da verdade, uma fonte inesgotável para a qual nenhum balde desce sem voltar a subir carregado de ouro e bondade. Ali não fala nenhum "profeta", nenhum desses híbridos horríveis de enfermidade e vontade de poder, aos quais se chama de fundadores de religiões. Antes de tudo a gente tem de **ouvir** corretamente o tom que sai dessa boca, esse tom alciônico, a fim de não cometer injustiças lastimáveis com o sentido de sua verdade. "As palavras mais calmas são aquelas que trazem a tempestade, pensamentos que se aproximam em passos de pomba dirigem o mundo..."[6]

---

5. Muitas vezes Nietzsche refere os títulos de suas obras no interior de seu texto sem o menor destaque – até mesmo sem o espaçamento, no caso presente substituído pelo negrito –, como se eles fizessem parte orgânica e indistinta dele, conforme o leitor verá um punhado de vezes a seguir. (N.T.)

6. Citação de sua própria obra *Assim falou Zaratustra,* Parte II, seção intitulada "A hora mais silenciosa". O trecho que vem logo a seguir é da mesma obra, mesma parte, da seção intitulada "Nas ilhas bem-aventuradas". A citação que encerra o "Prefácio" também é um trecho do *Zaratustra,* mas da Parte I, "Da virtude dadivosa". (N.T.)

> Os figos caem das árvores, eles são doces e saborosos; e ao caírem, sua pele rubra se rompe. Eu sou um vento norte para os figos maduros.
>
> Pois bem, assim como figos, caiam sobre vós esses ensinamentos, meus amigos: bebei, pois, o seu sumo, comei sua polpa doce! É outono à nossa volta e céu límpido e meio-dia...

Aqui não fala um fanático, aqui não se "prega", aqui não se exige **fé:** os ensinamentos caem de uma abundância inesgotável de luz e felicidade profunda, gota a gota, palavra por palavra – uma lentidão suave é a velocidade dessa conversa. Coisas desse tipo só logram ser alcançadas para os melhores dentre os eleitos; é um privilégio sem igual, poder ser um ouvinte aqui; não é a todos que é dado ter ouvidos para Zaratustra... E, com tudo isso, Zaratustra não é um **desencaminhador**?... Mas o que ele mesmo diz quando volta pela vez primeira para a sua solidão? Exatamente o contrário daquilo que um "sábio", um "santo", um "salvador do mundo" ou outro *décadent* qualquer haveria de dizer em semelhante caso... Ele não apenas fala diferente, ele **também é** diferente...

> Eu vou sozinho, pois, meus discípulos! E também vós ireis embora sozinhos! É assim que eu quero e deve ser.
>
> Afastai-vos de mim e defendei-vos contra Zaratustra! E, melhor ainda: senti vergonha dele! Talvez ele vos haja enganado.
>
> O homem do conhecimento não tem apenas de amar seus inimigos, ele também tem de poder odiar seus amigos.

A gente retribui mal a um professor, quando permanece sendo sempre apenas seu aluno. E por que vós não haveríeis de querer arrancar os louros da minha coroa?

Vós me venerais: mas como, se vossa veneração um dia **irá ao chão**? Guardai-vos de não serdes abatidos por uma coluna!

Vós dizeis que acreditais em Zaratustra? Mas que importa isso a Zaratustra! Vós sois meus crentes, mas que importam crentes!

Vós ainda não havíeis vos procurado: aí encontrastes a mim. É assim que fazem todos os crentes; e por isso valem pouco todas as crenças.

Agora eu vos ordeno: perder a mim para vos encontrardes; e apenas quando **todos vós tiverdes me renegado,** é que haverei de querer voltar a vós...

Friedrich Nietzsche

Nesse dia perfeito, em que tudo amadurece e não apenas a uva se torna escura, caiu sobre a minha vida um olhar do sol: eu olhei para trás, eu olhei para frente e jamais vi tantas e tão boas coisas de uma só vez. Não é por acaso que hoje enterrei meu quadragésimo quarto ano, eu **pude** enterrá-lo – o que havia de vida nele está salvo, é imortal. O primeiro livro da **Transvaloração de todos os valores**,[7] as **Canções de Zaratustra**, o **Crepúsculo dos ídolos**, minha tentativa de filosofar com o martelo... foram, todos eles, presentes deste ano, inclusive do último trimestre deste ano! **Como eu não haveria de ser agradecido a minha vida inteira**?... – E assim eu me conto a minha vida.

7. Nietzsche refere-se a *O Anticristo*, recém-acabado à época da escritura do *Ecce homo* e planejado na condição de primeiro de uma série de quatro livros que constituiria a *Transvaloração de todos os valores*, que acabara substituindo o projeto anterior intitulado *A vontade de poder* (Der Wille zur Macht). Em 3 de janeiro de 1889, imediatamente após ter "terminado" o *Ecce homo*, aconteceria o colapso mental – final – de Nietzsche e o plano da *Transvaloração* – consequentemente – seria abortado. As *Canções de Zaratustra* – mencionadas a seguir – receberam o título de *Ditirambos de Dioniso* (Dionysos-Dithyramben) e foram publicadas em 1892, já após o colapso do autor. (N.T.)

1.

A ventura da minha existência, sua unicidade talvez, repousa em sua fatalidade: eu estou, para expressá-lo em forma de enigma, morto na condição de meu pai, ao passo em que na condição de minha mãe ainda vivo e envelheço. Essa origem dupla, rebento ao mesmo tempo do mais alto e do mais baixo degrau na escada da vida, *décadent* e **princípio** a um só golpe – tudo isso, se é que há algo, esclarece aquela neutralidade, aquela liberdade de partido na relação com o problema geral da vida, que talvez me distinga dos outros. Eu tenho um faro mais apurado do que jamais teve homem algum para os sinais de princípio e de ocaso, eu sou o mestre *par excellence* nesse assunto – eu conheço ambos, eu sou ambos... Meu pai morreu com trinta e seis anos: ele era frágil, amável e mórbido, como um ser destinado apenas à transitoriedade – antes uma lembrança bondosa da vida do que a vida em si. No mesmo ano em que sua vida foi ao chão, também a minha declinou: aos trinta e seis anos cheguei ao ponto mais baixo de minha vitalidade – eu ainda vivia, mas sem enxergar mais do que três passos a minha frente. Naquela época – era 1879 – eu abdiquei da minha cátedra na Universidade de Basileia, vivi aquele verão como se fosse uma sombra em Saint Moritz e o inverno seguinte, o mais pobre em sol da minha vida inteira, **como se fosse** sombra em Naumburg. Esse foi o meu mínimo: "O andarilho e sua sombra" é produção desse período. Indubitavelmente, eu entendia de sombras naquela época...

No inverno seguinte, meu primeiro inverno genovês, aquele adoçamento, aquela espiritualização, que quase era condicionada por uma miséria extrema em sangue e músculos, produziram "Aurora".[8] A clareza e a serenidade totais, até mesmo a exuberância do espírito que a obra mencionada reflete, pode ser entendida em mim não apenas devido à fraqueza psicológica mais profunda, mas inclusive por um excesso de sensações de dor. Em meio a martírios, que trouxeram consigo uma enxaqueca ininterrupta de três dias, mais vômitos de muco dos mais penosos... eu possuí uma clareza dialética *par excellence* e examinei a fundo e friamente coisas que não sou alpinista, não sou refinado, não sou **frio** o suficiente para pensar quando me encontro em situações mais saudáveis. Meus leitores talvez saibam até que ponto considero a dialética como um sintoma de *décadence*, por exemplo no mais famoso dos casos: o caso de Sócrates... Todos os distúrbios doentios do intelecto, até mesmo aquele semiatordoamento, séquito da febre, permaneceram sendo coisas de todo estranhas para mim até hoje, coisas sobre cuja natureza e frequência eu apenas fui me instruir em caminho douto. Meu sangue corre lento. Jamais alguém conseguiu constatar febre em meu sangue. Um médico, que me tratou como doente nervoso por longo tempo, disse ao fim: "Não! o problema não está em seus nervos, eu mesmo estou apenas nervoso". Era simplesmente impossível de ser demonstrada qualquer degeneração local; nenhuma moléstia do estômago condicionada de forma orgânica, por mais que sempre, como consequência do esgotamento geral, se revelasse a profunda

8. O título da obra foi dado por Peter Gast, secretário de Nietzsche, a partir da epígrafe indiana que o mesmo Gast sugerira: "Há tantas auroras que ainda não brilharam" (*Rig Veda*). (N.T.)

fraqueza do meu sistema gástrico. Também a moléstia nos olhos, a cegueira se aproximando pouco a pouco e perigosamente, era apenas consequência, não era causa. De modo que com cada acréscimo em força vital também a visão ficava mais forte... Convalescença significa para mim uma longa, demasiado longa série de anos – mas lamentavelmente ela significa também, ao mesmo tempo, recaída, declínio, periodismo de uma espécie de *décadence*. Será que preciso dizer, depois de tudo isso, que sou **experimentado** em questões de *décadence*? Eu a soletrei do início ao fim e de trás pra frente. Até mesmo aquela arte filigrânica de prender e compreender, aquele dedo para nuances, aquela psicologia de "ver-além-da-esquina" e tudo aquilo de que me apossei foi aprendido apenas naquela época, é o verdadeiro presente daquele tempo em que tudo se aprimorou em mim, a observação em si e todos os órgãos da observação. A partir da ótica do doente ver conceitos e valores **mais saudáveis**, e, pelo lado inverso, da abundância e da autoconfiança da vida **abastada**, olhar para baixo em direção ao trabalho clandestino do instinto da *décadence* – esse foi o meu exercício mais longo, a minha verdadeira experiência; se me tornei mestre em alguma coisa, então foi nisso. Agora o tenho às mãos, agora tenho a mão para **inverter perspectivas**: primeiro motivo pelo qual talvez chegue a ser possível para mim uma "transvaloração de todos os valores"...

2.

Desconsiderado o fato de que eu sou um *décadent*, sou também o seu contrário. Minha prova para isso é, entre outras coisas, o fato de eu sempre ter escolhido instintivamente os meios **corretos** contra as situações graves: enquanto o *décadent* costuma escolher sempre os meios prejudiciais a si mesmo. Como *summa summarum,* eu era saudável; como parcela, como especialidade, eu era um *décadent.* Aquela energia para o isolamento e para o rompimento de relações costumeiras, a compulsão contra mim mesmo, a vontade de não deixar mais me tratarem, me servirem, me **medicarem**... tudo traía o instinto de certeza incondicional acerca daquilo **que** naquela época me era necessário mais do que tudo. Eu mesmo me tomei pela mão, eu mesmo voltei a me tornar são: a condição para isso – não há psicologia que não o reconheceria – é **que ao cabo de contas a gente seja saudável**. Um ser tipicamente mórbido não pode vir a se tornar são e muito menos vir a se tornar são por sua própria conta; para alguém que é tipicamente saudável uma doença pode, ao contrário, até ser uma **estimulação** enérgica à vida, a viver mais. É assim que vejo **agora** aquele longo tempo de enfermidade: é como se eu tivesse redescoberto a vida de novo, incluindo-me dentro dela; eu degustei todas as coisas boas e até mesmo coisas insignificantes, como outros não as podem degustar com tanta facilidade – eu fiz de minha vontade para a saúde, para a **vida**, a minha filosofia...[9] Pois é preciso que se dê atenção a isso: os anos em que minha vitalidade foi mais débil foram os anos em que **deixei de ser** pessimista: o instinto do autorreestabelecimento me **proibiu** uma filosofia da miséria e do desânimo... E é nisso que

9. Com a declaração, Nietzsche quer mostrar como superou a *décadence,* da qual era vítima inclusive por afinidade hereditária; como foi exitoso na batalha contra ela e como é, por isso, o mais creditado dentre os homens para combatê-la. Sua filosofia não é, portanto, o simples resultado de sua doença, mas sim a reação saudável contra ela. (N.T.)

se reconhece, no fundo, a **vida-que-deu-certo**![10] No fato de um homem bem-educado fazer bem aos nossos sentidos: no fato de ele ser talhado em uma madeira que é dura, suave e cheirosa ao mesmo tempo. A ele só faz gosto o que lhe é salutar; seu prazer, seu desejo acabam lá onde as fronteiras do salutar passam a estar em perigo. Ele adivinha meios curativos contra lesões, ele aproveita acasos desagradáveis em seu próprio favor; o que não acaba com ele, fortalece-o. Ele acumula por instinto tudo aquilo que vê, ouve e experimenta à **sua** soma: ele é um princípio selecionador, ele reprova muito. Ele está sempre em **sua** própria companhia, mesmo que esteja em contato com livros, pessoas ou paisagens: ele honra pelo ato de **selecionar**, pelo ato de **permitir**, pelo ato de **confiar**. A todo o tipo de estímulo ele reage lentamente, com aquela lentidão que uma longa cautela e um orgulho desejado inculcaram nele – ele testa o estímulo que se aproxima; ele está longe de ir ao encontro dele. Ele não acredita nem no "infortúnio" nem na "culpa": ele dá conta de si mesmo e dos outros; ele sabe **esquecer**... Ele é forte o suficiente a ponto de fazer com que tudo **tenha** de vir para o seu bem... Vá lá, eu sou o **antípoda** de um *décadent*: pois acabei de descrever a **mim mesmo**.

3.

{Essa dupla série de experiências, essa acessibilidade a mundos aparentemente segregados se repete em

---

10. No original *Wohlgeratenheit,* substantivo criado por Nietzsche a partir das palavras *wohl* (bem) e *geraten* (dar certo, crescer). Se nesse caso o original não tem hífen de divisão, esse é um sinal que é usado constantemente por Nietzsche na justaposição de outras palavras: só isso já justifica seu emprego aqui, tanto estilística quanto conteudisticamente. (N.T.)

minha natureza em todos os sentidos – eu sou um duplo, eu também tenho um "segundo" rosto, além do primeiro. **E** talvez também um terceiro... Tão só a minha origem me permite um olhar além de toda e qualquer perspectiva condicionada pelo meramente local, pelo meramente nacional; não me custa esforço nenhum ser um "bom europeu". Por outro lado talvez eu seja mais alemão do que alguns alemães atuais, do que alguns simples alemães imperiais[11] ainda desejariam ser – eu, o último alemão **antipolítico**. E mesmo assim meus antepassados eram nobres poloneses: por isso tenho vários instintos raciais em meu corpo, e, quem sabe?, ao fim talvez até o *liberum veto*. Quando penso nas vezes em que se dirigem a mim pensando que sou polonês, inclusive os poloneses, em quão raras são as vezes em que me tomam por alemão, poderia parecer que eu pertenço àqueles alemães **levemente matizados**. Mas minha mãe, Franziska Oehler, é, em todo caso, uma coisa assaz alemã; e o mesmo tenho de dizer da minha avó paterna, Erdmuthe Krause. Ela viveu sua juventude inteira em meio à velha Weimar, não sem se relacionar com o círculo de Goethe. Seu irmão, o professor de Teologia Krause, de Königsberg, foi chamado para ser superintendente geral em Weimar depois da morte de Herder. É possível que a mãe dela, minha bisavó, apareça sob o nome de "Muthgen" no diário do jovem Goethe. Ela se casou pela segunda vez com o superintendente Nietzsche, em Eilenburg; no dia do grande ano da guerra de 1813, quando Napoleão e seu estado-maior avançaram sobre Eilenburg, em 10

11. *Reichsdeutsche* no original, ou seja, alemães do *Reich*, do império, imperiais. Nietzsche refere-se ao Estado criado por Bismarck em 1871, com a unificação alemã, e que vigoraria até 1918, quando foi proclamada a República de Weimar. (N.T.)

de outubro, ela teve o seu parto. Assim como toda a saxã, ela era uma admiradora de Napoleão; pode ser que também eu ainda o seja. Meu pai, nascido em 1813, morreu em 1849. Antes de assumir o cargo de pastor da comunidade de Röcken, perto de Lützen, meu pai viveu por alguns anos no castelo de Altenburg e deu aulas a suas quatro princesas. Suas alunas hoje são a rainha de Hanôver, a grã-duquesa Constantin, a grã-duqueza de Oldenburg e a princesa Therese, da Saxônia-Altenburg. Ele era cheio de uma piedade profunda para com o rei prussiano Frederico Guilherme IV,[12] do qual recebeu o cargo de pastor; os acontecimentos de 1848 afligiram-no em alto grau. Eu próprio, nascido no mesmo dia em que o rei mencionado nasceu, em 15 de outubro, recebi, conforme me parece adequado, o nome dos Hohenzollern: **Friedrich** Wilhelm. Pelo menos uma vantagem existia no fato de eu ter nascido naquele dia: meu aniversário foi, durante toda a minha infância, um dia de festa. – Eu considero um privilégio grandioso ter tido um pai assim: me parece, inclusive, que com isso ficam esclarecidos todos os outros privilégios que eu tenho – a vida, **não** incluído o grande sim à vida. E antes de tudo, o fato de eu não necessitar nenhuma intenção, mas apenas a simples espera, para adentrar involuntariamente em um mundo de coisas altaneiras e suaves: é lá que estou em casa, é só lá que minhas paixões mais internas se tornam livres. O fato de eu quase ter pago com a vida por esse privilégio, por certo não é um preço irrisório. – Para entender alguma coisa do meu Zaratustra, talvez tenha-se de ser

12. Em alemão Friedrich Wilhelm, exatamente como o nome que Nietzsche viria a receber – ele o diz a seguir. A política conservadora de Frederico Guilherme IV, inspirada no direito divino, provocou a Revolução de 1848, o que esclarece a referência aos "acontecimentos de 1848" que vem a seguir e é detalhada no GLOSSÁRIO. (N.T.)

condicionado de maneira semelhante como eu o fui – com um pé **além** da vida...}[13]

Eu considero um grande privilégio ter tido um pai assim: os camponeses, diante dos quais ele pronunciava seus sermões – pois, depois de viver alguns anos na corte de Altenburg, ele foi pregador durante os últimos anos de sua vida –, diziam que assim como ele era é que, por certo, devia ser um anjo... E com isso eu toco a questão da raça. Eu sou um nobre polonês *pur sang*, no qual não se misturou uma gota sequer de sangue ruim, muito menos de sangue alemão. Quando eu procuro o mais profundo dos antagonismos a mim mesmo, a baixeza incalculável dos instintos, eu sempre encontro minha mãe e minha irmã[14] – acreditar no parentesco com uma *canaille* do tipo seria uma blasfêmia contra minha divindade. O tratamento que minha mãe e minha irmã me aplicaram até

13. Toda essa parte entre chaves matemáticas ({}) aparece apenas nas edições anteriores à Edição Crítica das obras de Nietzsche, encaminhada por Giorgio Colli e Mazzino Montinari, em 1969. Ela é assaz fantasiosa, sobretudo no que diz respeito à origem nobre e polonesa que Nietzsche diz ser a sua – pesquisas na árvore genealógica do autor só encontram alemães entre seus ascendentes –, fantasia que aliás continua viva naquele que ficou estabelecido como o Capítulo 3 da parte intitulada "Por que eu sou tão sábio", e começa de fato a seguir. No final de dezembro de 1888 – sobretudo –, Nietzsche ainda faria uma série de correções ao manuscrito do *Ecce homo*. E este Capítulo 3 – refeito – foi encontrado pelos editores da Obra Crítica entre os papéis de Peter Gast, compositor, aluno e amigo de Nietzsche, nos Arquivos de Weimar. Gast havia enviado o manuscrito da revisão à irmã do filósofo, mas esta o destruiu; afortunadamente, o amigo fizera uma cópia antes de enviá-lo. Desde a primeira edição da obra – que, como a "morte espiritual" de Nietzsche, só viria a ocorrer em 1908 – até 1969, o que existiu foi apenas a parte entre chaves matemáticas. (N.T.)

14. Eis, pois, a razão do auto de fé – da fogueira inquisitiva – fraterno. A violência do ataque de Nietzsche à irmã, Elisabeth – e à mãe –, seria a desforra – antecipada – pela malversação de seu legado, da qual sua família foi a mola propulsora. (Ver POSFÁCIO.) (N.T.)

o presente instante instilam em mim um horror indizível: aqui trabalha uma máquina infernal perfeita, com uma certeza infalível a respeito dos instantes em que podem me arrancar sangue – nos meus instantes mais altaneiros... pois é nesses instantes que me falta qualquer força para a defesa contra a bicheira venenosa... A contiguidade fisiológica é que torna possível essa *disharmonia praestabilita*... Eu confesso que a mais profunda objeção contra o "eterno retorno", meu pensamento verdadeiramente **abismal**, sempre são minha mãe e minha irmã... Mas também na condição de polonês eu sou um atavismo colossal. Ter-se-á de voltar séculos no tempo, para encontrar essa mais nobre das raças que jamais existiu sobre a terra, na proporção livre de instintos em que eu a represento. Eu tenho, contra tudo aquilo que hoje chamam de *noblesse*, um sentimento soberano de distinção – eu não haveria de conceder ao jovem imperador alemão a honra de ser meu cocheiro. Existe apenas um único caso em que reconheço minha igualha – e eu o confesso com profunda gratidão. A senhora Cosima Wagner é, de longe, a natureza mais nobre;[15] e, a fim de que eu não acabe dizendo nenhuma palavra de menos, digo que Richard Wagner foi, de longe, o homem mais aparentado comigo... O resto é silêncio... Todos os conceitos dominantes a respeito de grau de parentesco são um contrassenso fisiológico que não pode ser superado. O papa ainda hoje faz negócios com esse contrassenso. Com ninguém a gente é **menos** aparentado do que com seus pais: seria o sinal mais visível de baixeza ser aparentado com os próprios pais. As naturezas mais

---

15. Numa carta da virada do ano de 1888 para o ano de 1889 – que já imaginava o livro pronto, e inclusive impresso –, Nietzsche diz à Cosima Wagner que ela é a única mulher digna de receber o primeiro exemplar do *Ecce homo;* e assina *O Anticristo*. (N.T.)

altas têm sua origem em tempos infinitamente anteriores; para que elas surgissem foi necessário coletar, poupar, acumular por muito tempo. Os **grandes** indivíduos são os mais velhos: eu não compreendo isso, mas Júlio César poderia ser meu pai – **ou** Alexandre, esse Dioniso corporal... No instante em que escrevo o que estou escrevendo, o correio me traz uma cabeça de Dioniso...[16]

4.

Eu jamais compreendi a arte de me indispor comigo mesmo – e também isso eu devo a meu pai incomparável –, mesmo quando isso me pareceu ser de grande valor. Eu inclusive não me senti, por mais que uma afirmativa dessas possa parecer pagã, uma só vez que fosse, indisposto comigo mesmo; pode-se virar minha vida de frente e do avesso e apenas raramente, na verdade apenas uma única vez, se encontrará rastros de que alguém teve contra mim más intenções – mas talvez venha a se encontrar rastros um tanto demasiados de **boas** intenções... Minhas próprias experiências com esse tipo de gente, com o qual todo mundo tem más experiências, falam, sem exceção, em favor deles; eu amanso qualquer urso e sou capaz até de fazer de um palhaço uma pessoa decente. Durante os sete anos em que ensinei grego nas classes mais altas do

16. O *Ecce homo* é um dos últimos – o último de vulto – suspiros de Nietzsche antes do abismo. Depois dele viriam apenas os *Ditirambos de Dioniso*. A "insânia" – genial, seja dito – que assolava o filósofo aumentava a cada página. Assim, os sinais do abismo são mais visíveis no capítulo revisado – posterior e definitivo a partir da edição de Montinari – do que nas versões anteriores. Após o colapso, ocorrido alguns dias depois, em 3 de janeiro na cidade de Turim, Nietzsche escreveu uma série de cartas e bilhetes assinando ora com o nome de "Dioniso", ora com o epíteto "O Crucificado"; uma delas seria enviada a Cosima Wagner (NOTA anterior) a outra a Bismarck (Ver ADENDO). (N.T.)

Liceu de Basileia,[17] jamais tive motivo para pôr alguém de castigo; os mais vagabundos eram diligentes comigo. Sempre fui capaz de superar o acaso – eu tenho de estar despreparado, para me tornar senhor de mim mesmo. O instrumento, qualquer que seja, por mais desafinado que esteja, e mesmo que esteja tão desafinado como apenas o intrumento "homem" pode se apresentar – eu tinha de estar enfermo para não ser capaz de arrancar dele algo que fosse agradável de se ouvir... E quantas vezes ouvi dos próprios "instrumentos" que eles mesmos jamais haviam se ouvido assim, tão bem... O mais belo dos sons talvez tenha vindo daquele Heinrich von Stein, hoje imperdoavelmente morto, que certa vez, depois de alcançar uma permissão solicitada com todo o receio, apareceu por três dias em Sils-Maria, esclarecendo a todo mundo que **não** havia vindo por causa de Engadina. Esse homem excelente, que com toda a ingenuidade impetuosa de um nobre prussiano havia mergulhado no brejo wagneriano (e também, ainda por cima, no dühringuiano![18]), transformou-se durante esses três dias como se tivesse sido bafejado pelo furacão da liberdade, como alguém que de repente é elevado à **sua** altura e então ganha asas. Eu sempre lhe disse que quem realizava isso eram os bons ares daqui de cima e que isso acontece a todo mundo, que não é debalde que se está seis mil pés acima de Bayreuth[19] – mas ele não quis acreditar em mim... Se, apesar disso, foi cometido contra mim algum delito

17. Na Universidade da Basileia, os professores da Faculdade de Filosofia tinham de lecionar também às classes superiores do *Pädagogium* ou Liceu Clássico, a escola secundária. (N.T.)

18. Referência a Karl Eugen Dühring. Ver GLOSSÁRIO. (N.T.)

19. A ironia é maravilhosa. Bayreuth é a capital do distrito da Alta Francônia, na Baviera, e sede anual do famoso festival wagneriano. Por que a ironia é maravilhosa? Foi lá que Wagner viveu e produziu... (N.T.)

grande ou pequeno, não foi "a intenção", e menos ainda a **má** intenção que o motivou: eu teria de me queixar, muito antes – e já o insinuei há pouco –, contra a boa intenção, que acabou provocando um abuso nem um pouco insignificante em minha vida. Minhas experiências me dão o direito de desconfiar, mormente no que diz respeito aos assim chamados impulsos "desinteressados", de tudo aquilo que tem a ver com o "amor ao próximo", sempre disposto à ação e ao conselho. Para mim, o "amor ao próximo" é nada mais do que uma fraqueza, um caso isolado que demonstra a incapacidade de opôr resistência a um estímulo – a **piedade** é uma virtude apenas entre os *décadents*. Eu acuso os piedosos de se perderem em sua vergonha, em sua reverência, em seu instinto delicado para as distâncias; a piedade, por sua vez, acuso-a de feder a povo num simples piscar de olhos, e de ser muito parecida com as más maneiras, com as quais facilmente pode ser confundida, aliás – olhos piedosos podem, conforme as circunstâncias, interferir de modo destruidor em um destino grandioso, em um isolamento entre feridas, em um **privilégio** para grandes culpas. A superação da piedade, eu a coloco entre as virtudes **nobres**: eu chamei de "a tentação de Zaratustra"[20] um caso em que um grande grito de desespero chegou até ele, em que a piedade tomou conta dele como se fosse o último pecado, tentando aliená-lo de **si** mesmo. Continuar senhor de si mesmo num caso desses, manter a **grandeza** de sua tarefa livre dos vários impulsos mesquinhos e míopes que se mostram nas assim chamadas ações desinteressadas, essa é a provação, talvez a última provação pela qual um Zaratustra tem de passar – a sua verdadeira **prova** de força...

20. Na Parte IV da obra *Assim falou Zaratustra*. (N.T.)

5.

Também em outro ponto eu sou igual a meu pai e, ao mesmo tempo, a continuação de sua vida depois de sua morte demasiado precoce. Assim como qualquer um que jamais tenha vivido entre seus iguais, e para o qual o conceito "desforra" é tão inacessível como por exemplo o conceito "direitos iguais", eu veto a mim mesmo qualquer retaliação, qualquer atitude de proteção em casos nos quais é cometida contra mim uma pequena ou até mesmo uma **grande bobagem** – e, como seria de se esperar, também qualquer defesa, qualquer "justificação". O meu método de desforra consiste em mandar, o mais rápido possível, uma atitude inteligente atrás de uma burrice: assim, talvez a mesma ainda possa ser alcançada. Para falar numa comparação: eu mando um pote de confeites para me livrar de uma história **azeda**... Basta que me façam algo de mau, que eu vou à "desforra" por causa disso, isso é certo: em pouco tempo encontro uma oportunidade de expressar meu agradecimento ao "malfeitor" (inclusive agradecendo-lhe o malfeito) – ou de **pedir** algo a ele, o que pode ser mais cortês do que dar alguma coisa... Também me parece que a palavra mais grosseira, a carta mais grosseira, ainda é mais bondosa, mais honesta do que o silêncio. Àqueles que silenciam quase sempre lhes falta algo em fineza e polidez de coração; silenciar é uma objeção; engolir sapos faz, irremediavelmente, um mau caráter – e inclusive estraga o estômago... Todos aqueles que silenciam são dispépticos. – Vede bem, eu não pretendo ver a grosseria sendo desprezada, ela é, de longe, a forma **mais humana** da objeção e, em meio à suavização moderna, uma de nossas maiores virtudes. Se a gente é rico o suficiente, é até mesmo uma ventura não ter razão. Um deus, que viesse à terra, por certo não haveria de **fazer** nada a não ser injustiças – tomar não o castigo, mas sim a **culpa** sobre as costas, isso é que seria divino.

6.

A libertação do ressentimento, a elucidação sobre o ressentimento – quem é capaz de saber o quanto sou obrigado a agradecer à minha longa enfermidade também por causa disso! O problema não é exatamente simples: a gente tem de tê-lo vivido em toda a sua força e em toda a sua fraqueza. Se há alguma coisa que deve ser valorizada contra o estar enfermo, contra o estar fraco, então é o fato de que nesse estado o verdadeiro instinto à cura, ou seja, o **instinto armado e de defesa** se torna lasso. A gente não consegue mais se livrar de nada, a gente não consegue mais dar conta de nada, a gente não consegue mais evitar nada – tudo machuca. Homem e coisa se aproximam de maneira atrevida, as vivências atingem fundo demais, a recordação é uma ferida purulenta. Estar doente **é** uma espécie de mágoa em si. – Contra tudo isso o enfermo tem apenas um grande remédio – eu o chamo de **fatalismo russo,** aquele fatalismo sem revolta com o qual um soldado russo, para o qual a campanha se torna dura por demais, fica deitado sobre a neve. Não aceitar absolutamente mais nada, não tomar mais nada, não ingerir nada, não levar mais nada **para dentro** de si – não reagir, em última instância... A grande razão desse fatalismo, que nem sempre é apenas a coragem para a morte, que mantém alguém vivo sob as circunstâncias mais ameaçadoras à vida, é a diminuição do metabolismo, seu retardamento, uma espécie de vontade de hibernar. Alguns passos adiante nessa lógica e temos o faquir, que é capaz de dormir por semanas inteiras em sua cova... Porque a gente se consumiria com demasiada rapidez, **caso** reagisse, a gente passa a não reagir mais: essa é a lógica. E nada é capaz de nos haurir de modo mais rápido do que as emoções da mágoa. O desgosto, a suscetibilidade doentia, a impotência para a vingança, o desejo, a sede de vingança, o ato de mexer nos venenos da alma em todos os sentidos – por certo é, para os esgotados, a pior maneira de reagir: um consumo rápido da força nervosa, uma elevação doentia de despejos nefastos, por exemplo da bílis no estômago, são condicionados por essas coisas. A mágoa, o ressentimento, é o proibido **em si** para os enfermos – **sua** propensão malévola, mas, lamente-se, também a sua propensão mais natural. Tudo isso já foi compreendido por aquele psicólogo profundo: Buda. Sua "religião", que poderia ser melhor classificada como uma **higiene**, a fim de não misturá-la a coisas tão altamente dignas de pena como o cristianismo, fazia seus efeitos dependerem do triunfo sobre o ressentimento: libertar a alma **disso** – eis o primeiro passo para o restabelecimento. "Não é através da hostilidade que se põe um fim à hostilidade, é através da amizade que se põe um fim à hostilidade": é isso que está no princípio dos ensinamentos de Buda – e assim **não** fala a moral, assim fala a psicologia. O ressentimento, nascido da fraqueza, não é prejudicial a ninguém mais do que ao próprio fraco – no caso inverso, em que uma natureza rica é o pressuposto, ele é um sentimento **desnecessário**, um sentimento que, dominado, já concede, por assim dizer, a prova da riqueza de quem o domina. Quem conhece a seriedade com a qual minha filosofia principiou a batalha contra o sentimento da vingança e da revanche, até chegar à doutrina do "livre-arbítrio" – a batalha contra o cristianismo é apenas um caso isolado dentro dela –, haverá de entender por que trago à luz minha conduta pessoal, minha **certeza instintiva** na práxis. Nos tempos da *décadence* eu os **proibi** a mim mesmo por serem daninhos; e assim que a vida voltou a ser abundante e orgulhosa o suficiente, proibi-os por estarem **abaixo** de mim. Aquele "fatalismo russo" do qual falei apareceu ao palco de minhas atitudes, a ponto de fazer com que me aferrasse durante anos a situações quase insuportáveis, a lugares, moradas, companhias, depois de me serem concedidos uma vez pelo acaso... Era melhor do que tentar mudá-los, do que **senti-los** capaz de serem mudados – do que me insubordinar contra eles... Se era importunado nesse fatalismo, se era despertado com violência, eu o levava mortalmente a mal – na verdade isso era, em todas as vezes, mortalmente perigoso... Tomar-se a si mesmo como um fado, não se querer "diferente" – isso é, em tais situações, a **grande razão** em si.

7.

Outra coisa é a guerra. A minha maneira de ser é guerreira. Atacar faz parte dos meus instintos. **Poder** ser inimigo, ser inimigo – isso talvez pressuponha uma natureza forte, em todo caso é uma condição de toda a natureza forte. Ela precisa de resistências, por isso ela busca resistência: o *páthos* **agressivo** faz parte, necessariamente, da força, assim como os sentimentos da vingança e da revanche fazem parte da fraqueza. A mulher, por exemplo, é vingativa: isso é condicionado por sua fraqueza tanto quanto pelo seu interesse pela penúria alheia. – A força daquele que ataca tem na resistência, que ele necessita, uma espécie de **medida**; todo crescimento se revela na procura de um inimigo – ou de um problema – poderoso: pois um filósofo que é guerreiro também desafia os problemas a duelar com ele. A tarefa **não** é, absolutamente, se tornar senhor sobre as resistências comuns, mas sim sobre aquelas que exigem que a gente acione toda a força, toda a flexibilidade e a maestria nas armas – subjugar inimigos **iguais**... Igualdade ante o inimigo – o primeiro pressuposto de um duelo **honesto**. Onde a gente despreza, não se **pode** fazer guerra; onde a gente ordena, onde a gente vê alguma coisa **abaixo** de si, não se deve fazer guerra. – Minha práxis na guerra pode ser resumida em quatro sentenças. Primeiro: eu apenas ataco coisas que são vitoriosas – caso for necessário eu espero até que elas sejam vitoriosas. Segundo: eu apenas ataco coisas contra as quais jamais encontraria aliados, contra as quais tenho de me virar sozinho – contra as quais tenho de me comprometer sozinho... Jamais dei um passo em público que não comprometesse: é esse o **meu** critério da ação correta. Terceiro: eu jamais ataco pessoas – eu apenas me sirvo da pessoa como de uma poderosa lente de aumento, através da qual é possível tornar manifesta uma situação de necessidade comum, mas furtiva e pouco tangível. Foi assim que ataquei David Strauss, ou, mais precisamente, o **sucesso** de um livro caquético junto à "formação" alemã – e peguei essa formação em flagrante... Foi assim que eu ataquei Wagner, ou, mais precisamente, a falsidade, o hibridismo instintivo de nossa "cultura", que confundia os refinados com os ricos, os tardios com os grandes. Quarto: eu apenas ataco coisas contra as quais todo o tipo de diferença pessoal é excluído, contra as quais não existe qualquer segundo plano relativo a más intenções. Pelo contrário, atacar é uma prova de bem-querer em mim e, conforme a circunstância, de agradecimento. Eu honro, eu distingo com o fato de unir meu nome a uma coisa, a uma pessoa: contra ou a favor – para mim não importa. Se declarei guerra ao cristianismo, isso me é permitido porque não experimentei da parte dele quaisquer fatalidades ou embaraços – os cristãos mais sérios sempre foram ponderados em relação a mim. Eu mesmo, um opositor *de rigueur* do cristianismo, estou longe de guardar rancor a um indivíduo por causa de algo que representa o infortúnio de milênios...

8.

Posso permitir-me a ousadia de insinuar ainda um último traço da minha natureza, que me apronta grandes dificuldades no convívio com as pessoas? É própria de mim uma sensibilidade completa e sinistra do instinto de limpeza, de modo que eu percebo fisicamente – **farejo** – a proximidade ou – o que estou dizendo? – as partes mais internas, as "entranhas" de todas as almas... Eu tenho antenas psicológicas nessa sensibilidade, com as quais apalpo todos os segredos, me apossando deles: a imensa sujeira **escondida** no fundo de algumas naturezas, talvez condicionada pelo sangue ruim, mas caiada pela educação, eu já a percebo quase ao primeiro toque. Se é que observei corretamente, essas naturezas insuportáveis ao meu asseio sentem – também elas – as precauções do meu asco: mas nem por isso passam a cheirar melhor... Conforme sempre foi meu hábito – uma pureza extrema em relação a mim mesmo é o pressuposto da minha existência, eu sucumbo em meio a condições impuras –, eu nado, tomo banho e fico a patinhar, sem parar jamais, nem me cansar, como se estivesse na água ou em qualquer outro elemento completo, transparente e brilhante. Isso torna o contato com as pessoas uma prova de paciência nem um pouco desprezível para mim; minha humanidade **não** consiste em sentir junto com a pessoa como ela é, mas sim em **suportar** o fato de senti-la... Minha humanidade é uma constante autossuperação... Mas eu tenho necessidade da **solidão**, quero dizer da convalescença, do retorno a mim mesmo, de um ar livre, leve e solto... Todo o meu Zaratustra é um ditirambo à solidão, ou, caso tenham me entendido de verdade, um hino à **pureza**... Por sorte não um hino à **pura tolice**...[21] Quem tiver olhos para as cores haverá de chamá-lo de diamante... O asco ao ser humano, à "gentalha" sempre foi meu maior perigo... Quereis ouvir as palavras nas quais Zaratustra fala da **salvação** do asco?

> O que foi que aconteceu comigo? Como foi que me salvei do asco? O que foi que rejuvenesceu meu olho? Como foi que alcancei as alturas nas quais não há mais gentalha sentada junto à fonte?
>
> Foi o próprio asco que me deu asas e forças capazes de pressentir as fontes? De verdade, eu tive de voar ao lugar mais alto para poder reencontrar a nascente do prazer!...
>
> Ah, e eu a encontrei, meus irmãos! Aqui, no lugar mais alto, a nascente do prazer jorra sobre mim! E há uma vida na qual não há gentalha nenhuma bebendo junto!
>
> Quase jorras demasiado violenta sobre mim, oh, fonte do prazer! E muitas vezes esvazias a caneca ao quereres enchê-la.

---

21. *Reine Torheit,* no original. Ironia ao *Parsifal* de Wagner. O nome Parsifal tem origem árabe e significa algo como "tolo puro", ou seja, um herói casto e ingênuo, à prova de qualquer tentação de ordem mundana. (N.T.)

E mesmo assim tenho de aprender a me aproximar de ti de um modo mais humilde: meu coração ainda corre ao teu encontro com demasiada violência:

– Meu coração, sobre o qual meu verão queima, esse verão curto, quente, taciturno e supra-aventurado: como o meu coração canicular clama por teu frescor!

Passada é a tristeza vacilante da minha primavera! Foram-se os flocos de neve da minha maldade em junho! Verão eu me tornei, verão à tarde...

– Um verão no alto, com fontes frescas e sossego venturoso: oh, vinde, meus amigos, a fim de que o sossego se torne ainda mais venturoso!

Pois esta é a **nossa** altura e a nossa pátria: nós moramos num lugar alto e escarpado por demais para as pessoas impuras e sua sede.

Lançai apenas vossos olhos puros à nascente do meu prazer, amigos! Por que ela haveria de se turvar? Rir ao vosso encontro com **sua** pureza, é o que ela há de fazer.

Sobre a árvore Futuro nós faremos nosso ninho; águias haverão de trazer alimento para nós, solitários, em seus bicos!

De verdade, nenhum alimento do qual poderão comer os impuros! Eles pensariam estar devorando fogo e queimariam suas bocas.

De verdade, não mantemos aqui nenhuma morada disponível a impuros! Seus corpos e seus espíritos chamariam nossa ventura de cavernas de gelo!

E que ventos fortes nós queremos vivenciar sobre eles; vizinhos das águias, vizinhos da neve, vizinhos do sol: vivam, portanto, os ventos fortes.

E como um vento quero, ainda uma vez, soprar entre eles, e com meu espírito roubar o fôlego ao espírito deles: é assim que o quer meu futuro.

De verdade, Zaratustra é um vento forte para todas as planícies; e um conselho desses ele dá a seus inimigos e a tudo que cospe e escarra: guardai-vos de escarrar **contra** o vento!...[22]

22. Citação do *Zaratustra,* Parte II, "Da gentalha". (N.T.)

1.

– Por que eu sei algo **mais**? Por que, acima de tudo, eu sou tão inteligente? Jamais me pus a pensar a respeito de perguntas que não são perguntas – eu não me esbanjei... Dificuldades **religiosas** de verdade, por exemplo, eu jamais as conheci por minha própria experiência. Sequer me dei conta até que ponto eu deveria me sentir "pecaminoso". Do mesmo modo me falta um critério confiável para saber o que é um sentimento de culpa: segundo aquilo que se **ouve** a respeito disso, um sentimento de culpa não me parece nada digno de atenção... Eu não gostaria de abandonar uma ação a seu próprio destino **depois** de cometê-la; preferiria, muito antes, nem avaliar de maneira definitiva um desfecho ruim, as **consequências** de um ato. A gente perde mui facilmente o olhar **correto** para aquilo que a gente fez quando o desfecho é ruim: um sentimento de culpa me parece uma espécie de "olhar **maldoso**". Guardar na honra aquilo que acaba dando errado, tanto mais **pelo fato** de ter dado errado – isso está bem mais perto de fazer parte da minha moral... "Deus", "imortalidade da alma", "salvação", "além" são conceitos para os quais nunca dediquei atenção, nem mesmo tempo, inclusive quando era criança – talvez eu jamais tenha sido criança o suficiente para tanto... Estou longe de conhecer o ateísmo na condição de resultado, menos ainda como acontecimento: em mim ele é compreensível na qualidade de instinto. Eu sou curioso por demais, **questionável** por demais, animado por demais para poder aceitar uma resposta esbofeteada. Deus é uma resposta esbofeteada e grosseira, uma indelicadeza contra nós, os pensadores – no fundo apenas uma **proibição** esbofeteada e grosseira contra nós: vós não deveis pensar!... Me interessa de maneira bem diferente uma questão à qual a "sorte da humanidade" está ligada muito mais intimamente do que a qualquer curiosidade teológica: a questão da **nutrição**. A gente pode formulá-la da seguinte forma para suas próprias conveniências: "Como é que deves te alimentar a fim de alcançares teu máximo em forças, em *virtù*, segundo o conceito renascentista, ou seja, em virtude livre de moralina[23]?" Minhas experiências são tão ruins quanto possíveis nesse âmbito; estou atônito por ter ouvido esta pergunta tão tarde, por ter aprendido a "razão" tão tarde a partir dessas experiências. Apenas a indignidade absoluta de nossa formação alemã – seu "idealismo" – é capaz de explicar mais ou menos por que eu, justamente nesse aspecto, fiquei atrasado a ponto de quase atingir a santidade.[24] Essa "formação", que desde o princípio ensina a perder a **realidade** de vista, a fim de perseguir objetivos bem mais problemáticos e assim chamados de "ideais", como por exemplo a "formação clássica" – como se já desde o princípio não se estivesse condenado a unir em um só conceito as palavras "clássico" e "alemão"! Isso chega a soar divertido... É só pensar em um alemão de Leipzig, "formado de maneira clássica"!... De fato, até os meus anos mais maduros eu sempre me

23. Moralina: Neologismo – cheio de ironia e com sufixo adequado – criado por Nietzsche. (N.T.)

24. A libertação do "idealismo" – de raiz alemã – corre paralela à libertação da enfermidade narrada por Nietzsche anteriormente. O "idealismo" é o fado não apenas de Nietzsche em particular, mas também o fado – e a doença – do mundo inteiro. (N.T.)

alimentei **mal** – o que, expressado em linguagem moral, quer dizer, "impessoalmente", "desinteressadamente", "altruistamente", para a salvação dos cozinheiros e dos outros irmãos em Cristo. Eu neguei, por exemplo, graças à cozinha de Leipzig – ao mesmo tempo em que fazia meus primeiros estudos de Schopenhauer (em 1865) –, de maneira bastante séria a minha "vontade de viver". Devido à alimentação insuficiente ainda vir a estragar seu estômago – esse problema me pareceu ser resolvido de modo surpreendentemente feliz pela cozinha mencionada. (Diz-se que o ano de 1866 trouxe uma mudança bastante sensível nesse sentido...)[25] Todavia a cozinha alemã como um todo – quantas são as coisas, quantos são os homens que lhe pesam na consciência! A sopa **antes** da refeição (chamada de *alla tedesca* ainda nos livros de cozinha venezianos do século XVI); as carnes cozidas em demasia, as saladas engorduradas e farinhentas; a degeneração dos pudins em pesa-papéis! E se ainda for acrescentado a tudo isso a necessidade bestial dos velhos, mas nem de longe **apenas** dos velhos alemães, de regar tudo o que foi comido e entender-se-á também a origem do **espírito alemão** – vísceras enturvadas... O espírito alemão é uma indigestão, ele não é capaz de dar conta de nada... Mas também a dieta **inglesa,** que, em comparação com a alemã, e até mesmo com a francesa, é uma espécie de "volta à natureza", ou seja, ao canibalismo, repugna profundamente o meu próprio instinto; me parece que ela dá pés **de chumbo** ao espírito – pés de inglesa... A melhor cozinha é a do **Piemonte**... Alcoólicos são prejudiciais a mim; um copo de vinho ou de cerveja por

25. Provável referência – ademais irônica – à ocupação da Saxônia (Leipzig é uma das principais cidades saxãs) por parte da Prússia durante a Guerra Austro-Prussiana de 1866. (N.T.)

dia é o que basta para fazer da minha vida um "vale de lágrimas" – em Munique vivem os meus antípodas...[26] Admitindo que o entendi um pouco tarde, posso dizer que o **vivenciei** já na infância. Quando eu era garoto, acreditava que beber vinho fosse, assim como fumar tabaco, apenas uma *vanitas* de pessoas jovens no começo, para mais tarde virar um hábito ruim. É possível que o vinho de Naumburg também tenha alguma culpa nesse juízo **azedo**. Para acreditar que o vinho **alegra** eu teria de ser cristão, quero dizer, teria de acreditar, o que para mim é uma absurdidade. O estranho é que uma pequena – e até mesmo bem-diluída – dose de álcool pode me levar a um melindre extremo, mas quando se trata de doses **fortes** eu quase me transformo num marinheiro. Já quando era garoto provei minha bravura nesse sentido. Escrever um longo tratado em latim em uma noite de vigília, e de quebra passá-lo a limpo, sentindo o orgulho conduzir minha pena na imitação de meu ídolo, Salústio, em sua austeridade e concisão, e ainda por cima verter um grogue do mais grosso calibre sobre o meu latim, isso já me era possível nos tempos de estudante no venerável Schulpforta e não se contrapunha à minha fisiologia, e talvez nem mesmo à de Salústio – por mais que se oponha à do venerável Schulpforta...[27] Mais tarde, por volta

26. Aqui, assim como nos dois travessões anteriores, fica ainda mais clara a função de silêncio antes do estrondo que Nietzsche concede à aplicação do travessão. Conforme disse Heine, "Nada é mais silencioso do que um canhão antes do tiro"... e a ironia de Nietzsche é genial: o espírito alemão tem vísceras enturvadas, as inglesas têm pés de chumbo e os muniquenses são borrachos. (N.T.)

27. Mais um exemplo da ironia cheia de elipses e insinuações praticada por Nietzsche; um pensamento é interrompido de maneira brusca, e a ele se segue um complemento irônico. Schulpforta era uma escola severa – com internato –, de larga tradição pedagógica, fundada por Moritz da Saxônia (1696-1750), o filho de Augusto, o Forte. Ficava no antigo mosteiro dos monges cistercienses, levantado em 1136. (N.T.)

da metade da minha vida, eu me decidi livremente e de modo cada vez mais duro **contra** todo o tipo de bebida "espirituosa": eu, um inimigo do vegetarianismo por experiência, exatamente conforme Richard Wagner, que foi quem me converteu, não saberia recomendar com seriedade suficiente a abstenção incondicional de bebidas alcólicas a todas as naturezas **mais espirituosas**. A **água** é suficiente... Eu prefiro lugares nos quais se tem – em todos os locais – a oportunidade de buscar água em fontes correntes (Nice, Turim, Sils); um pequeno copo me segue como se fosse um cão. *In vino* ***veritas***: parece que também aqui eu discordo do mundo inteiro a respeito do conceito "verdade"... No meu caso o espírito paira sobre a **água**...[28] Mais algumas indicações a respeito da minha moral. Uma refeição vigorosa é mais fácil de ser digerida do que uma refeição demasiado pequena. O fato de o estômago entrar em atividade como um todo é o primeiro pressuposto de uma boa digestão. A gente tem de **conhecer** o tamanho de seu estômago. Pelo mesmo motivo não se pode recomendar aquelas refeições demoradas, as quais chamo de sacrifício festivo interrompido e têm lugar na *table d'hôte*... Nada de comer entre as refeições, nada de café: o café nos torna sombrios. **Chá** saudável apenas pela manhã.[29] Pouco, mas enérgico; chá assaz prejudicial e adoentador durante um dia inteiro quando estiver apenas um tantinho fraco demais. Todos têm sua medida nesse aspecto, muitas vezes as diferenças são mínimas e delicadas. Num clima irritante em demasia o chá não é recomendável para o começo: é melhor tomar,

28. Referência ao livro do Gênesis, na Bíblia, Cap. 1, Vers. 1. (N.T.)

29. Um exemplo – desta vez claríssimo – da elipse nietzschiana. Aqui, o autor simplesmente ignora o verbo e dá um caráter ainda mais receitante – e portanto adequado – ao trecho, ao dizer que o chá apenas é saudável pela manhã. (N.T.)

uma hora antes, uma xícara de cacau bem grosso e desengordurado para começar... **Sentar** o menos possível; não acreditar em nenhum pensamento que não tenha nascido ao ar livre e em livre movimentação – quando também os músculos estiverem participando da festa. Todos os preconceitos vêm das vísceras... A vida sobre as nádegas – eu já o disse uma vez[30] – é que é o verdadeiro **pecado** contra o espírito santo...

2.

Aparentadas à questão da nutrição são as questões relativas ao **lugar** e ao **clima**. Ninguém é livre para viver em qualquer lugar; e quem tem grandes tarefas a realizar, que desafiam toda a sua força, inclusive tem um campo de escolha bem restrito nesse aspecto. A influência climática sobre o **metabolismo**, sua redução e seu aumento, vai tão longe que uma escolha errada no que diz respeito ao lugar e ao clima pode não apenas alienar alguém de sua tarefa, como também chegar ao ponto de evitar que ele chegue até ela: e então ele jamais fica cara a cara com ela. O vigor animal nunca se tornou grande o suficiente nele a ponto de fazer com que ele alcançasse aquela liberdade que transborda em direção ao espiritual, na qual alguém é capaz de reconhecer: **isso** eu posso fazer sozinho... Uma indolência das vísceras, por menor que seja, se levada à condição de mau hábito, é perfeitamente suficiente para fazer de um gênio algo mediano, algo "alemão" – só o clima alemão já basta para desencorajar vísceras robustas e até mesmo heroicas. A velocidade do metabolismo está intimamente ligada à capacidade de

30. Referência a *Crepúsculo dos ídolos,* sua própria obra, escrita em oposição a *O crepúsculo dos deuses,* a última ópera da tetralogia de Wagner *O anel dos nibelungos*. (N.T.)

movimento ou à capenguice dos **pés** do espírito; o próprio "espírito" na verdade não passa de uma forma desse metabolismo. Se juntarmos os lugares em que houve e há pessoas espirituosas, que além de tudo e por sorte tinham humor, refinamento e malícia, nos quais o gênio se tornou familiar quase por obrigação... veremos que todos eles possuem um ar primorosamente seco. Paris, a Provença, Florença, Jerusalém, Atenas – ora, esses nomes provam alguma coisa: o gênio é **condicionado** pelo ar seco, pelo céu límpido... quer dizer, por um metabolismo acentuado, pela possibilidade de ajuntar sempre de novo quantidades grandes, e até mesmo monstruosas, de força. Tenho um caso em mente, no qual um espírito importante e motivado à liberdade, só por causa da falta instintiva de fineza na escolha do clima, se tornou estreito e recolhido, um tipo azedo, um mero especialista. Eu mesmo poderia ter acabado vítima do mesmo destino, se a enfermidade não me tivesse obrigado à razão, a refletir sobre a razão na realidade. Agora que aprendi a conhecer os efeitos de ordem climática e meteorológica depois de uma longa experiência comigo mesmo, e sou capaz de lê-los num instrumento bastante preciso e confiável, que me faz sentir fisiologicamente a mudança nos graus de umidade numa simples viagem de Turim a Milão, penso com horror no fato **sinistro** de que passei a minha vida inteira, excetuados os últimos dez anos – os anos mais perigosos –, sempre em lugares errados, francamente **proibidos** à minha situação pessoal. Naumburg, Schulpforta, e a Turíngia inteira, Leipzig, Basileia – todos eles são lugares pouco felizes para a minha constituição fisiológica. Se não tenho a menor lembrança bem-vinda de minha infância e de minha juventude inteira, seria tolice querer creditá-lo aos assim chamados motivos "morais"... por exemplo à falta indiscutível de companhias **adequadas**: pois essa falta existiu sempre, como ainda hoje existe, sem que me causasse o menor prejuízo no fato de ser alegre e bravoso. A verdadeira fatalidade na minha vida é a ignorância *in physiologicis*, o maldito "idealismo" e tudo que ele tem de supérfluo, de estúpido, algo do qual não pode nascer nada de bom, para o qual não existe compensação nem contracálculo. Das consequências desse "idealismo" eu entendo todas as minhas tentativas erradas, todas as gigantescas aberrações nos instintos e "modéstias" à parte da **tarefa** da minha vida, como por exemplo o fato de ter me tornado filólogo... Por que, pelo menos, não me tornei médico ou alguma outra coisa capaz de abrir os olhos? Nos meus tempos em Basileia toda a minha dieta espiritual, incluída a divisão do dia, era um abuso completo e sem sentido de forças extraordinárias, sem o menor abastecimento de forças que compensasse o consumo, e inclusive sem a menor reflexão a respeito do consumo e da reposição. Não existia um fumo sequer de egoísmo, de **amparo** vindo de um instinto de comando; era tudo um se-tornar-igual a qualquer um, uma "ausência-de-si", um esquecer-se de suas próprias distâncias – algo que eu jamais me perdoarei. Quando eu estava quase chegando ao fim, **porque** estava quase no fim, eu passei a refletir sobre essa irracionalidade fundamental de minha vida – o "idealismo". Só a **enfermidade** me trouxe à razão...

3.

A escolha da alimentação; a escolha do clima e do lugar... A terceira coisa na qual a gente não pode errar – a nenhum preço – é na escolha do **seu tipo de recreação**. Também aqui, conforme o grau em que um espírito é *sui generis,* os limites daquilo que lhe é permitido, quer dizer, daquilo que lhe é **útil**, são estreitos, bem estreitos. No meu caso, faz parte da minha recreação **ler** tudo: consequentemente, ler aquilo que me livra de mim mesmo, que me deixa passear em ciências e almas desconhecidas – aquilo que eu não levo mais a sério. Ler me relaxa de **minha** própria seriedade. Em tempos de trabalho profundo não se vê livro algum em volta de mim: eu me guardo de deixar alguém discursar ou até mesmo pensar perto de mim. Pois isso significaria ler... Por acaso já foi observado que naquela tensão profunda, à qual a gravidez condena o espírito e inclusive o organismo inteiro, o acaso e todo o tipo de estímulo externo atua de modo demasiado veemente, "penetra" demasiado profundo? A gente tem de sair do caminho do acaso, do estímulo externo tão rápido quanto for possível; uma espécie de construir-um-muro-em-volta-de-si-mesmo faz parte das primeiras sagacidades instintivas da gravidez espiritual. Haverei de permitir que um pensamento **estranho** escale em segredo o muro?... Isso significaria ler... Ao tempo do trabalho e da frutificação segue o tempo do recreio: vinde, pois, vós, os livros agradáveis, espirituosos e argutos! – Haverão de ser livros alemães?... Tenho de voltar meio ano no tempo para me surpreender com um livro na mão. E qual era?... Um excelente estudo de Victor Brochard, *Les Sceptiques Grecs*, no qual também as minhas Laertianas[31] foram muito bem utilizadas. Os

31. Referência a seus próprios estudos filológicos sobre as fontes de Diógenes Laércio (séc. III), escritor grego, autor de uma recompilação de dados biográficos de filósofos e da maioria das doutrinas filosóficas gregas desde o século VI a.C. (N.T.)

céticos, o único tipo **respeitável**[32] entre essa gente cheia de duplicidade, até de quintuplicidade, formada pela massa dos filósofos!... No mais eu costumo fugir quase sempre para os mesmos livros, no fundo um número bastante reduzido deles, livros já **provados** justamente para mim. Talvez não faça parte do meu feitio ler muito e muitas coisas: um quarto de leitura me deixa doente. Também não faz parte do meu feitio amar muito e muitas coisas. Cuidado, é provável que até mesmo a hostilidade contra livros novos faça parte dos meus instintos mais do que a "tolerância", *"largeur du coeur"* e outros tipos de "amor ao próximo"... No fundo, é um pequeno número de franceses mais velhos aos quais eu sempre retorno: eu acredito apenas na formação francesa e considero todo o resto que se faz na Europa em termos de "formação" um equívoco – sem falar da formação alemã... Os poucos casos de alta formação que encontrei na Alemanha tinham, todos eles, origem francesa; sobretudo a senhora Cosima Wagner, de longe a maior autoridade no que diz respeito às questões do gosto que eu conheci em minha vida inteira... O fato de eu não ler Pascal, mas sim **amar** Pascal, na condição de vítima mais significativa do cristianismo, que o foi matando pouco a pouco, primeiro física, depois psicologicamente, com toda a lógica dessa forma pavorosíssima da crueldade humana; o fato de eu ter algo da petulância de Montaigne no espírito e, quem sabe?, talvez também no corpo; o fato de meu gosto de artista defender os nomes de Molière, Corneille e Racine, não sem sentir raiva, contra um gênio caótico como Shakespeare; tudo isso não me impede de ver, ao

32. A mudança elíptica do plural para o singular também acontece. De modo que a elipse é uma das características mais importantes – tanto estrutural quanto linguisticamente – do *Ecce homo* de Nietzsche. (N.T.)

fim, até mesmo no último dos franceses, uma companhia charmosa. Eu não sou capaz de ver em que século da história podem ser pescados aos montes tantos psicólogos da alma humana, tão curiosos e ao mesmo tempo tão delicados, quanto os que existem na Paris atual: só para exemplar – pois seu número não é nem um pouco desprezível – eu cito os senhores Paul Bourget, Pierre Loti, Gyp, Meilhac, Anatole France, Jules Lemaître, ou, para destacar um da raça dos fortes, um latino dos mais genuínos, ao qual sou afeiçoado de modo especial – Guy de Maupassant. Dito entre nós, eu até prefiro **essa** geração a de seus grandes mestres, que estavam – todos eles – deteriorados pela filosofia alemã: o senhor Taine, por exemplo, estava deteriorado por Hegel, a quem ele deve o fato de ter compreendido mal grandes pessoas e grandes tempos. Até onde a Alemanha alcança, ela **deteriora** a cultura. Foi apenas a guerra que "libertou" o espírito na França... Stendhal, um dos acasos mais belos da minha vida – pois tudo o que fez época nele foi levado até mim pelo acaso e não por uma recomendação de qualquer ordem –, é totalmente impagável com seus olhos antecipadores de psicólogo, com seu domínio dos fatos, que chega a lembrar o maior dos fatos (*ex ungue Napoleonem*),[33] enfim, e não menos por causa disso, um ateísta **honesto**, espécie bastante rara e quase impossível de ser encontrada na França – com toda a deferência que Prosper Mérimée merece... Talvez eu sinta inveja de Stendhal ao fim das contas? Ele me arrancou a melhor piada de ateísta, que justamente eu seria a pessoa mais indicada a fazer: "A única desculpa de Deus é o fato de

33. Em latim no original. "Pela unha (se reconhece) Napoleão". Variação da célebre frase de Plutarco *ex ungue leonem pingere,* quer dizer, "a partir da unha pintar o leão". (N.T.)

não existir"... Eu mesmo disse em algum lugar: qual foi a maior objeção à existência feita até hoje? **Deus**...

4.

O mais alto conceito de poeta lírico quem me deu foi **Heinrich Heine**. Em vão eu procuro em todos os reinos e pelos séculos dos séculos uma música tão apaixonada e doce quanto a dele. Ele possuía aquela maldade divina sem a qual eu não me julgo capaz de imaginar a perfeição... Eu calculo o valor das pessoas, das raças, segundo sua capacidade de entender quão pouco Deus está distante de um sátiro...[34] E como ele maneja e domina o alemão! Um dia haverão de dizer que Heine e eu fomos, de longe, os maiores artistas da língua alemã... e que o que fizemos com ela está a uma distância incalculável daquilo que meros alemães[35] fizeram com ela... Com o Manfredo de **Byron** eu devo ter um parentesco muito próximo: eu encontrei todos seus abismos dentro de mim – com treze anos eu estava maduro para essa obra. Eu não tenho sequer uma palavra, mas apenas um olhar, para aqueles

---

34. No final de suas *Confissões* Heine chama a Deus de sátiro, por tê-lo abandonado à "cova dos colchões", vítima da paralisia geral, durante os últimos oito anos de sua vida. Já que a beleza é muita – e tendo em vista a importância de Heine na obra de Nietzsche –, mando a citação heineana inteira. "Ah! o escárnio de Deus pesa como chumbo sobre mim. O grande autor do universo, o Aristófanes dos céus, quis mostrar direitinho e de modo bastante evidente ao pequeno e terreno Aristófanes alemão – pois é assim que me chamam – como os sarcasmos espirituosos do mesmo foram apenas zombarias miseráveis em comparação às suas, e como estou lamentavelmente distante dele em termos de humor, em termos de gracinhas colossais. Sim, a barrela do escárnio que o mestre despejou sobre mim é terrível, e horrorosamente cruel é seu gracejo. Reconheço, humilde, a sua superioridade e me curvo sobre o pó à frente dele."

35. Meros alemães? Heine era judeu e Nietzsche fantasiava ser polonês. (N.T.)

que ousam proferir a palavra Fausto na presença de Manfredo. Os alemães são **incapazes** de alcançar o conceito grandeza: prova-o Schumann. No passado, de tanto ódio a esse saxão adocicado, eu compus uma contra-abertura ao Manfredo, da qual Hans von Bülow disse que jamais havia visto coisa parecida escrita em notas: que isso era uma violação a Euterpe... Quando eu procuro minha mais alta fórmula para caracterizar **Shakespeare** eu sempre acabo achando apenas essa: a de que ele concebeu o tipo César. Coisas desse tipo a gente não intui – a gente é ou não é. O grande poeta bebe **apenas** de sua própria realidade – a ponto de no fim nem suportar mais a sua obra... Depois de ter lançado um olhar a meu Zaratustra eu caminho durante meia hora pelo quarto, para lá e para cá, incapaz de dominar uma convulsão insuportável de soluços... Eu não conheço nenhuma leitura capaz de arrebentar tanto o coração quanto Shakespeare: quanto um homem deve ter sofrido para ter uma tal necessidade de ser bufão! **Entende-se** o Hamlet? Não é a dúvida, é a **certeza** que enlouquece... Mas para isso a gente tem de ser profundo, tem de ser abismo, tem de ser filósofo para sentir assim... Nós todos temos **medo** da verdade... Eu confesso: tenho a certeza instintiva e absoluta de que Lord Bacon é o criador, o autoatormentador-em-si que primeiro experimentou essa espécie de literatura sinistra até a raiz... Que **me** importa a conversa fiada, aliás digna de pena, desses paspalhos e taroucos americanos?[36] Mas a força para a mais poderosa realidade da visão não é apenas suportável com a força mais poderosa para a

36. Alusão à origem americana do movimento baconiano (de Francis Bacon, criador da "teoria dos ídolos") e a negação peremptória de Nietzsche de que suas próprias visões tenham alguma coisa a ver com esse movimento. (N.T.)

ação, para a monstruosidade da ação, para o crime – **ela se pressupõe a si mesma**... Estamos longe de saber o suficiente acerca de Lord Bacon, o primeiro grande realista, em todos os sentidos nobres que essa palavra adquire, para saber **o que** ele fez, **o que** ele quis, **o que** ele experimentou no interior de si mesmo... E com os diabos, senhores meus críticos! Supondo que eu tivesse batizado o meu Zaratustra com um nome estranho, por exemplo com o nome de Richard Wagner, e a perspicácia de dois milênios não seria suficiente para adivinhar que o escritor de "Humano, demasiado humano" é o visionário do Zaratustra...

5.

Aqui, onde eu falo das recreações de minha vida, me é necessária uma palavra para expressar meu agradecimento àquilo que de longe foi o que a recreou de maneira mais profunda. E isso foi, sem a menor dúvida, o contato íntimo com Richard Wagner. Eu vendo barato todo o resto das minhas relações humanas; e não cederia, a nenhum preço, os dias de minha vida que passei em Tribschen: foram dias de confiança, de alegria, de acasos sublimes – de instantes **profundos**... Não sei o que outras pessoas vivenciaram com Wagner: sobre o nosso céu jamais pairou uma nuvem... E com isso volto a falar da França... Eu não tenho motivos, tenho apenas uma careta cheia de desprezo para dedicar aos wagnerianos *et hoc genus omne*, que acreditam honrar a Wagner pelo fato de **se** acharem semelhantes a ele... Assim como eu sou, em todos os meus instintos mais profundos, estranho a tudo aquilo que é alemão, de modo que tão só a proximidade de um alemão retarda a minha digestão, assim também o primeiro contato com Wagner foi o primeiro suspiro aliviado da minha vida: eu o sentia, eu o venerava como o **país estrangeiro**, como o antagonismo, como o protesto corpóreo contra todas as "virtudes alemãs"... Nós, que fomos crianças no ar pantanoso dos anos cinquenta, somos – necessariamente – pessimistas em relação ao conceito "alemão"; nós sequer podemos ser outra coisa que não revolucionários – nós jamais haveremos de admitir uma situação de coisas em que **o santarrão** estiver no topo. Para mim é completamente indiferente se ele hoje defende outras cores, se ele se veste de escarlate e usa uniformes de hussardo... Vá lá! Wagner foi um revolucionário – ele fugia dos alemães... Na condição de **artista** a gente não encontra pátria na Europa, a não ser Paris; a *délicatesse* em todos os cinco sentidos da arte, pressuposta pela arte de Wagner, o tato para nuances, a morbidez psicológica só podem ser encontradas em Paris. Em nenhum outro lugar do mundo se tem essa paixão no que diz respeito a questões de forma, essa seriedade no *mise en scène* – isso é a seriedade parisiense *par excellence*. Na Alemanha a gente nem tem ideia acerca da ambição monstruosa que vive na alma de um artista parisiense. O alemão é bonzinho – Wagner estava longe de ser bonzinho... Mas eu já falei mais do que o suficiente (em "Além do bem e do mal", § 256 ss.) sobre o lugar digno de Wagner, em quem ele tem seus parentes mais próximos: o romantismo francês tardio, essa espécie de artistas que voam alto e se arremessam para o alto – como Delacroix, como Berlioz –, com um fundo de enfermidade, de incurabilidade no ser, todos eles puros fanáticos da **expressão,** virtuoses de cabo a rabo... Qual foi, aliás, o primeiro partidário **inteligente** de Wagner? Charles Baudelaire, o mesmo que foi o primeiro a entender Delacroix, aquele típico *décadent*, no qual toda uma estirpe de artistas se reconheceu – e talvez ele tenha sido também o último... O que eu jamais perdoei a Wagner? O fato de ter **condescendido** com os alemães... o fato de ter descido à condição de alemão imperial... Até onde a Alemanha alcança, ela **deteriora** a cultura...

6.

Balançando as coisas, eu não teria suportado minha juventude sem a música de Wagner. Pois eu estava **condenado** a alemães. Quando a gente quer se livrar de uma pressão insuportável o haxixe é necessário. Vá lá, Wagner foi necessário para mim. Wagner é o contraveneno para tudo aquilo que é alemão *par excellence* – veneno, eu não o contesto... A partir do instante em que existiu um fragmento pianístico do Tristão – meus cumprimentos, senhor von Bülow! – eu era um wagneriano. As obras mais antigas de Wagner eu as via abaixo de mim – elas ainda eram demasiado simples, demasiado "alemãs"... Mas ainda hoje procuro por uma obra que tenha a mesma fascinação perigosa, a mesma infinitude doce e terrível do Tristão – e procuro entre todas as artes em vão. Todas as extravagâncias de Leonardo da Vinci se desencantam ante o primeiro acorde do Tristão. Essa obra é, sem dúvida, o *non plus ultra* de Wagner; ele se recreou do trabalho nela compondo os Mestres Cantores e o Anel dos Nibelungos. Tornar-se saudável – isso é um **retrocesso** em uma natureza como a de Wagner... Eu tomo como sendo uma felicidade do mais alto nível o fato de ter vivido no tempo certo e justamente entre alemães, para poder ser **maduro** o suficiente para essa obra: tão longe vai em mim a curiosidade do psicólogo. O mundo é pobre para aquele que jamais foi doente o bastante para essa "volúpia do inferno": é permitido, é quase imperioso aplicar aqui uma fórmula mística... Eu penso conhecer, mais do que qualquer outra pessoa, a mostruosidade da qual Wagner foi capaz, os cinquenta mundos de encantos estranhos para os quais ninguém, a não ser ele, teve asas; e assim como eu sou, forte o bastante para transformar também aquilo que é mais duvidoso e mais perigoso em meu favor tornando-me ainda mais forte, eu declaro Wagner o maior benfeitor da minha vida. Aquilo – no que aliás somos aparentados – que nós sofremos profundamente, também um por causa do outro, aquilo que fomos capazes de aguentar na condição de pessoas desse século, haverá de voltar a juntar nossos nomes de maneira eterna; e tão certo quanto o fato de Wagner ser apenas um mal-entendido entre os alemães, tão certo também eu o sou e sempre haverei de ser um mal-entendido... Dois séculos de disciplina psicológica e artística **primeiro,** meus senhores germanos!... Mas isso ninguém consegue recuperar...

7.

– Eu direi ainda uma palavrinha para os ouvidos mais selecionados: o que **eu** quero da música, na realidade. Que ela seja alegre, serena e profunda como uma tarde de outubro.[37] Que ela seja peculiar, animada, suave, uma mulher pequena e doce, de humildade e graça... Jamais haverei de admitir que um alemão **possa** saber o que é música. O que a gente chama de músicos alemães, os maiores entre eles, são **estrangeiros**, eslavos, croatas, italianos, holandeses – ou judeus; e, nos outros casos, alemães da raça forte, alemães **extintos** como Heinrich

37. Outubro é a época da escritura do *Ecce homo,* quer dizer, no princípio do outono europeu. Logo após – em novembro – tudo fica cinzento e melancólico... (N.T.)

Schütz, Bach e Händel. Eu mesmo sempre fui polonês o suficiente para trocar, por Chopin, todo o resto da música universal: por três razões eu excetuo também o Idílio de Siegfried, de Wagner, e talvez também Liszt, que supera todos os outros músicos com seus acentos orquestrais nobres, e finalmente tudo que cresceu além dos alpes – **desse lado**... Eu não saberia como haver-me sem Rossini, e menos ainda sem o **meu** Sul na música, a música de meu maestro veneziano Pietro Gasti.[38] E quando eu digo além dos Alpes, quero dizer apenas Veneza, na verdade. Quando eu procuro uma outra palavra para a palavra música, eu sempre acabo encontrando apenas a palavra Veneza. Eu não sei fazer diferença entre lágrimas e música – eu conheço a ventura de ser incapaz de pensar o **Sul** sem o arrepio do temor.

Sobre a ponte eu estava,
Há dias, na noite cinzenta.
Ao longe ouvi uma canção:
Ela pingava gotas de ouro
Pela superfície trêmula.
Gôndolas, luzes, música –
Ébria, ela nadou para a escuridão...

Minha alma, um alaúde,
cantou a si, invisível e ferida,
uma canção veneziana, e segredou,
trêmula de ventura colorida.
– Será que alguém a escutou?...

38. Peter Gast. Ver GLOSSÁRIO. (N.T.)

8.

Em tudo isso – na escolha da alimentação, do lugar e do clima, da recreação – quem comanda é um instinto de autopreservação, que se manifesta de maneira menos ambígua na condição de instinto de **autodefesa**. Não ver, não ouvir, não deixar muita coisa se aproximar – primeira mostra de inteligência, primeira prova do fato de que a gente não é um acaso, mas sim uma necessidade. A palavra usual para esse instinto de autodefesa é a palavra **gosto**. Seu imperativo não apenas ordena a dizer não, onde o sim seria uma "atitude desinteressada", mas também a dizer **não o menos possível**... Separar-se, amputar-se daquilo em que o não sempre voltaria a ser necessário. A racionalidade nisso é o fato de que as despesas defensivas, por mais pequenas que sejam, quando levadas à categoria de regra, de hábito, acabam condicionando um empobrecimento extraordinário e completamente desnecessário. Nossas **grandes** despesas são o grande número de despesas pequenas. O ato de defender, de não deixar-se-aproximar é uma despesa – ninguém se iluda a respeito disso –, uma força **esbanjada** para objetivos negativos. A gente pode, apenas na necessidade constante da defesa, ficar tão fraco a ponto de não conseguir se defender mais... Supondo que, pondo meus pés fora de casa, eu encontrasse, em vez da calma e aristocrática Turim, uma cidadezinha provinciana alemã: meu instinto teria de se trancar, para evitar a entrada de tudo aquilo que costuma vir desse mundinho chão e covarde e nos perseguir. Ou supondo que eu encontrasse a metrópole alemã, esse vício construído, onde nada cresce, onde qualquer coisa que seja, boa ou má, se acoitou. Não teria eu de me transformar em um **ouriço** por causa dela?...

Porém ter espinhos é um desperdício, um luxo duplo, inclusive, quando se é livre para não ter espinhos, mas sim mãos **abertas**...

Uma outra mostra de inteligência e autodefesa consiste em **reagir tão raramente quanto possível** e em evitar lugares e condições nas quais se estaria condenado a suspender de imediato sua "liberdade", sua iniciativa, para se tornar um simples reagente. Eu tomo a relação com os livros como parâmetro comparativo. O erudito, que no fundo apenas se limita a "moer" livros – o filólogo de atividade mediana, cerca de duzentos por dia –, ao fim das contas acaba perdendo por completo a capacidade de pensar por si mesmo. Quando ele não mói, ele não é capaz de pensar. Ele **responde** a um estímulo (um pensamento lido) quando ele pensa... ao fim e ao cabo ele apenas reage. O erudito gasta toda sua força em dizer sim e não, na crítica do já pensado – ele mesmo não pensa mais... O instinto da autodefesa tornou-se frouxo nele; pois se assim não fosse ele iria se precaver contra os livros. O erudito – um *décadent*... Isso eu vi com meus próprios olhos: naturezas talentosas, de tendência livre e fértil, "lidas à ruína" já aos trinta anos, simples palitos de fósforo, que têm de ser friccionados para soltar faíscas – soltar "pensamentos"... Ler um **livro** de manhã bem cedo, ao nascer do dia, em todo o frescor, na aurora de suas forças – isso eu chamo de vicioso!...

9.

Nesse ponto já não é mais possível se desviar da verdadeira resposta para a pergunta **como a gente se torna o que a gente é**... E com isso eu toco a obra-prima na arte da autopreservação – do **egocentrismo**... Assumindo, pois, que a tarefa, a determinação, o **destino** da tarefa está bem acima de uma medida regular, nenhum perigo seria maior do que ver a si mesmo, cara a cara, **através** dessa tarefa. Que a gente se torne o que a gente é pressupõe que a gente não saiba, nem de longe, **o que** a gente é. A partir desse ponto de vista, até mesmo as **decisões erradas** da vida – os desvios e descaminhos, os atrasos, as "modéstias", a seriedade esbanjada em tarefas que não fazem parte **da** tarefa – têm seu valor e seu sentido peculiar... Nisso pode chegar a se expressar uma grande sabedoria, até mesmo a maior das sabedorias: onde o *nosce te ipsum* seria a receita para o naufrágio, se-esquecer, não **se-compreender**, se-apequenar, se-estreitar, se-medianizar acabam se transformando na razão em si. Expressado moralmente: amor ao próximo, viver para os outros e outras coisas **pode** ser a medida de defesa para a manutenção do mais duro dos egocentrismos. Mas essa é a exceção na qual eu, contra as minhas regras e convicções, tomo o partido dos impulsos "desinteressados": aqui eles trabalham a serviço do **egocentrismo**, da **egocultivação**... A gente tem de manter toda a superfície da consciência – a consciência **é** uma superfície – limpa de qualquer um dos grandes imperativos. Precaução até mesmo ante toda e qualquer palavra grandiosa, qualquer atitude grandiosa! São, todas elas, perigos de o instinto "se entender" demasiado cedo... Nesse meio tempo a "ideia" organizadora, a "ideia" chamada ao poder cresce e cresce nas profundezas – ela começa a dar ordens, aos poucos ela vai evitando desvios e descaminhos, trazendo **de volta**, ela prepara qualidades e capacidades **individuais**, que um dia haverão de se mostrar indispensáveis como meios para alcançar o todo – ela treina, um por um, todos os recursos **ancilares**, antes de dar qualquer notícia a respeito da tarefa principal, do "objetivo", da "finalidade", do "sentido"... Considerada por esse lado, minha vida é simplesmente maravilhosa. Para realizar a tarefa de uma **transvaloração dos valores** talvez fossem necessários mais recursos do que jamais existiram juntos em qualquer outra pessoa, e sobretudo também recursos antitéticos, sem que eles se obstruíssem, se destruíssem uns aos outros. Ordem hierárquica dos recursos: distância; a arte de separar sem tornar inimigo; não misturar nada, não "reconciliar" nada; uma multiplicidade monstruosa, que mesmo assim é o contrário do caos – essa foi a condição prévia, o trabalho longo e secreto e o caráter artístico do meu instinto. Seu **amparo imenso** se mostrou tão forte que eu, por nenhum momento, sequer pressenti o que crescia em mim – que todas as minhas aptidões repentinas, maduras, **brotaram** certo dia em toda sua completude final. Não me ocorre à lembrança o fato de eu, quando quer que fosse, ter me esforçado para isso... não se pode comprovar sequer um traço de **luta** em minha vida inteira – eu sou a antítese de uma natureza heroica. "Querer" algo, "aspirar" a algo, ter em vista um "objetivo", um "desejo" – eu não conheço nada disso por experiência. Mesmo neste instante eu olho para o meu futuro – um futuro **distante!** – como para um mar plácido: nenhuma nostalgia se levanta sobre ele. Eu não quero que nada, nem em seu mais ínfimo aspecto, se torne diferente do que é; eu mesmo não quero ser nada diferente. Mas foi assim que eu sempre vivi. Não tive nenhum desejo. Alguém que, depois de seu quadragésimo quarto aniversário, ainda pode dizer que jamais se esforçou para alcançar **honras, mulheres, dinheiro**!... Não que eles tenham me faltado... Foi assim que, por exemplo, me tornei professor universitário um dia... Eu jamais havia pensado – por mais vagamente que fosse

– em coisa desse tipo, pois eu recém havia chegado aos 24 anos. Foi assim que, dois anos antes, eu era filólogo: no sentido de que meu **primeiro** trabalho filológico, meu princípio em todos os sentidos, foi exigido pelo meu professor Ritschl para ser impresso em seu "Museu Renano" (**Ritschl** – eu o digo com veneração –, o único erudito genial que eu vim a conhecer até o dia de hoje. Ele possuía aquela deterioração agradável que caracteriza a nós, os turíngios, e com a qual até mesmo um alemão se torna simpático – nós, para chegar à verdade, ainda preferimos andar por caminhos tortos. Com essas palavras, eu não quero, nem de longe aliás, subestimar meu compatriota mais próximo, o **inteligente** Leopold von Ranke...)

10.

– Haverão de me perguntar por que foi que contei todas essas pequenas coisas, que segundo o juízo convencional inclusive não guardam o menor interesse; eu prejudico a mim mesmo com isso, tanto mais pelo fato de eu estar destinado a representar tarefas grandiosas. Resposta: essas pequenas coisas – alimentação, lugar, clima, recreação e toda a casuística do egocentrismo – são mais importantes – quaisquer que sejam os conceitos – do que tudo aquilo que foi tido como importante até o momento. É justo aqui que se tem de começar a **reaprender**. Aquilo que a humanidade ponderou seriamente até o presente momento nem sequer são realidades, são puras ilusões, ou, para dizê-lo de um modo mais duro, **mentiras** advindas dos instintos ruins de naturezas enfermas, prejudiciais no mais profundo dos sentidos – toda essa série de noções: "Deus", "alma", "virtude", "pecado", "além", "verdade", "vida eterna"... Mas nelas se procurou a grandeza da natureza humana, seu "caráter divino" – todas as questões relativas à política, à ordem social, à educação são, por isso, falsificadas até a raiz, de modo que foram tomados por grandes os homens mais perniciosos... De modo que se ensinou a desprezar as "pequenas" coisas, quero dizer, as questões fundamentais da vida... Nossa cultura atual é ambígua no mais alto grau... O imperador alemão pactua com o papa como se o papa não fosse o representante dos inimigos mortais da vida!... Isso que hoje está sendo construído em três anos já não existirá mais... Se eu quiser medir-me por aquilo que eu **posso** – e nem estou falando daquilo que virá depois de mim, uma revolução, e uma reconstrução sem igual –, então por certo tenho, mais do que qualquer um dentre os mortais, o direito de reivindicar para mim a palavra grandeza. Se eu me comparo com os homens que até hoje foram louvados como homens **de primeira,** a diferença é palpável. Os assim chamados "primeiros", eu sequer os conto entre os homens – eles são, para mim, refugos da humanidade, frutos de enfermidades e instintos vingativos: eles são apenas monstros nefastos e, no fundo, infaustos, que estão na vida para se vingar dela... Eu quero ser o antípoda de tudo isso: meu privilégio é ter a maior das finuras para todos os sinais que têm a ver com instintos sadios. Em mim falta qualquer indício doentio; mesmo em tempos de doenças graves eu jamais me tornei enfermo; embalde haverão de procurar em mim um traço de fanatismo. Jamais poderão provar em mim, em qualquer momento de minha vida, qualquer postura arrogante ou patética. O *páthos* da atitude **não** pertence à grandeza; aliás, quem tem necessidade de atitudes é **falso**... Cuidado ante os homens pitorescos!... A vida ficou fácil para mim, e tanto mais fácil por exigir de mim o mais difícil. Quem me viu durante os setenta dias deste outono, em que, sem interrupções, eu produzi apenas coisas de primeira categoria – coisas que nenhum ser humano é capaz de fazer depois de mim, imitando... ou de fazer antes de mim, fingindo –, com uma responsabilidade tal em relação aos milênios que se seguirão a mim, não haverá de ter percebido sequer um traço de tensão em mim, mas apenas – e tanto mais – um frescor transbordante, uma serenidade sem fim. Jamais comi com sensações tão agradáveis, jamais dormi tão bem... Não conheço nenhuma outra maneira de se relacionar com grandes tarefas a não ser o **jogo**: ele é, como indício de grandeza, um pressuposto fundamental. A coação mais ínfima, o semblante sombrio, qualquer acorde mais duro na garganta são, todos eles, objeções contra um homem, quanto mais contra sua obra!... Não se pode ter nervos... **Sofrer** por causa da solidão também é uma objeção – eu sempre sofri tão só por causa da "multidão"... Em um tempo absurdamente remoto, quando eu tinha apenas sete anos, eu já sabia que uma palavra humana jamais seria capaz de me alcançar: e será que alguém me viu consternado algum dia por causa disso?... Ainda hoje guardo a mesma comunicatividade em relação a todo mundo, e inclusive com os mais baixos me mostro cheio de distinção: e em tudo isso não há sequer um grão de soberba, de desprezo secreto. Aquele que eu desprezo **adivinha** que é desprezado por mim: tão só através da minha existência eu deixo indignado tudo aquilo que tem sangue ruim no corpo... Minha fórmula para a grandeza no homem é ***amor fati***:[39] não querer ter nada de diferente,

39. Conceito central do *Ecce homo*. É o dizer-sim dionisíaco em antítese à constante negação promovida pelo cristianismo. (N.T.)

nem para a frente, nem para trás, por toda a eternidade... Não apenas suportar aquilo que é necessário, muito menos dissimulá-lo – todo o idealismo é falsidade diante daquilo que é necessário –, mas sim **amá-lo**...

Por que eu escrevo livros tão bons

1.

Uma coisa sou eu, outra são meus escritos... Aqui, antes de chegar a falar deles mesmos, quero tocar a questão da compreensão ou da não compreensão desses escritos. Eu o faço de maneira tão relaxada quanto me parece ser conveniente: pois o tempo para essa questão por certo ainda não chegou. O tempo não chegou nem mesmo para mim; alguns apenas nascem postumamente... Um dia serão necessárias instituições, nas quais será ensinado e vivido como eu compreendo o ensino e a vida; quem sabe não serão instituídas, também, algumas disciplinas para a interpretação do Zaratustra. Mas seria uma contradição total a mim mesmo esperar ouvidos **e mãos** para as **minhas** verdades já hoje em dia: o fato de hoje não me ouvirem, o fato de não saberem o que fazer de mim não é apenas compreensível, ele inclusive me parece ser a coisa mais correta. Eu não quero ser confundido – e disso faz parte o fato de eu não confundir a mim mesmo... Para dizê-lo de novo, são mínimas as provas de "má-vontade" em minha vida; também de "má-vontade" literária eu mal poderia contar um caso sequer. Mas, ao contrário, há muito a respeito de **pura tolice**... Me parece ser uma das distinções mais raras que alguém pode provar a si mesmo, o ato de tomar em suas mãos um livro meu – eu suponho, inclusive, que ele tire as sandálias para fazê-lo;[40] de botas não quero nem

40. Referência ao Livro do Êxodo, na Bíblia, Cap. 3, Vers. 5. (N.T.)

falar... Quando, certa vez, o doutor Heinrich von Stein se queixou honestamente por não ter entendido uma palavra sequer do meu Zaratustra, eu lhe disse que isso estava em ordem: ter entendido seis frases desse livro – isso quer dizer **vivenciá-las** – já elevaria a um nível mais alto da escala mortal, mais alto do que homens "modernos" jamais poderiam alcançar. Como é que eu **poderia** – com **esse** sentimento de distância – tão só desejar ser lido pelos "modernos" que eu conheço!... Meu triunfo é justamente o contrário daquele que foi alcançado por Schopenhauer – eu digo: *"**Non** legor, **non** legar"*... Não que eu queira menosprezar a satisfação que a **inocência** me proporcionou por tantas vezes ao dizer não aos meus escritos. Ainda no verão passado, em um tempo em que pretendi arrancar do equilíbrio todo o resto da literatura universal com minha literatura pesada, demasiado pesada, um professor da Universidade de Berlim me deu a entender, benevolente, que eu deveria tentar fazer uso de uma outra forma para dizer aquilo que digo: coisas dessas ninguém lê... Por fim, não foi a Alemanha, mas sim a Suíça que providenciou os dois casos mais extremos nesse sentido. Um ensaio do Dr. V. Widmann sobre "Além do bem e do mal", publicado no "Bund" sob o título "O livro perigoso de Nietzsche", e uma notícia geral a respeito dos meus livros encaminhada pelo senhor Karl Spitteler, também no "Bund", alcançaram um ponto máximo em minha vida – eu me guardo de dizer em que sentido... O último, por exemplo, dizia que o meu Zaratustra era um "exercício estilístico altaneiro", manifestando o desejo de que, nas obras que ainda viriam, eu me preocupasse também com o conteúdo; Dr. Widmann me expressou sua atenção pela coragem com que eu me empenhava em acabar com todos os sentimentos decentes... Por uma pequena maldade do destino cada uma das sentenças do doutor era – com uma lógica que eu cheguei a admirar – uma verdade de ponta-cabeça: no fundo a gente não teria nada a fazer a não ser "transvalorar todos os valores", a fim de, num golpe aliás notável, acertar a cabeça do prego em cheio naquilo que diz respeito a mim – em vez de acertar minha cabeça com um prego... Tanto mais eu me empenho em buscar uma explicação para tudo isso... No fim das contas ninguém pode captar nas coisas, incluídos os livros, mais do que ele mesmo já sabe. Para aquilo que a gente não alcança através da vivência, a gente também não tem ouvidos. Tomemos, pois, um caso extremo: um livro que só fala de vivências que se encontram além das possibilidades de uma experiência frequente, ou até mesmo rara – que seja a **primeira** língua para uma série de novas experiências. Nesse caso simplesmente não se escuta nada, com a ilusão acústica de que onde não se escuta nada **também não existe nada**... Esta é, ao fim e ao cabo, minha experiência média e, caso quiserem, a **originalidade** da minha experiência. Quem acreditou ter entendido alguma coisa de mim, tomou posse de algo que veio de mim, segundo a sua imagem – e não raro isso aconteceu com alguém que é antagônico a mim, por exemplo com um "idealista". Quem não entendeu nada de mim, negou inclusive o fato de considerar minha importância... A palavra **"super-homem"**[41] para caracterizar um tipo do

41. "Se opto por "super-homem" para traduzir Übermensch, sei que a opção é discutível, conforme já ensinou o mestre Antonio Candido. E o conceito gerou discussões e mal-entendidos não apenas em sua versão portuguesa, mas também no original alemão, conforme Nietzsche deixa claro no presente trecho. Ademais, sabe-se que o "super" latino assim como o "über" de "Übermensch", significa, também, "além de", o que dispensa uma opção poeticamente complicada como "além-do-homem", talvez mais precisa em termos nietzscheanos, mas nem de longe tão multifacetada quanto o original alemão no que diz respeito à etimologia. (cont.)

mais alto feitio, em oposição aos homens "modernos", aos homens "bons", aos cristãos e outros niilistas – uma palavra que na boca de um Zaratustra, o **aniquilador** da moral, se torna uma palavra assaz reflexiva, quase em todos os lugares foi entendida, com uma inocência completa, no sentido daqueles valores cuja antítese foi trazida à luz na figura de Zaratustra, quero dizer, como tipo "idealista" de uma espécie mais elevada de homem, meio "santo", meio "gênio"... Outros bovinos eruditos me puseram sob a suspeita de darwinismo por causa do conceito; até mesmo o "culto ao herói", que eu rejeitei com tanta maldade e veemência, daquele grande falsário inconsciente e involuntário – Carlyle –, foi reconhecido nele. Aquele ao qual sussurrei ao ouvido ser preferível tentar encontrar um Cesare Borgia a um Parsifal, não confiou em seus ouvidos...[42] Que eu não tenha a menor curiosidade em relação a discussões acerca de meus livros, sobretudo aquelas que são publicadas em jornais, ter-se-á de me perdoar. Meus amigos, meus editores sabem disso e não me falam nada sobre coisas do tipo. Em um caso especial fiquei cara a cara com tudo aquilo que foi cometido contra um único livro meu: era "Além do bem e do mal"... Eu teria um relatório bastante detalhado a fazer a respeito. Poder-se-ia acreditar que o Nationalzeitung – um jornal prussiano, conforme tenho de dizer a meus leitores estrangeiros; eu mesmo leio apenas, com licença, o Journal des Débats –, com toda a

(cont.) E, além do mais, "super-homem" é expressão tão consagrada, que já foi dicionarizada por Houaiss. Está lá: "Super-homem: 2. Rubrica: filosofia. No nietzschianismo, cada um dos indivíduos que um dia será capaz de desenvolver plenamente a condição humana, criando novos valores e sentidos para a realidade, e afirmando intensamente a vida, a despeito do inevitável sofrimento que a cerca." (N.T.)

42. Melhor a maldade soberana de um Cesare Bórgia, portanto, do que a ingenuidade fraca de um pobre Parsifal. (N.T.)

seriedade do mundo, soube compreender o livro como um "sinal dos tempos", como a **filosofia** genuína e direitista **dos aristocratas rurais,** para a qual o Kreuzzeitung apenas se mostrava covarde demais?[43]

2.

Isso foi dito para os alemães: pois em todos os outros lugares eu tenho leitores – nada além de inteligências **selecionadas**, caracteres conservados, educados em posições e obrigações elevadas; eu tenho até mesmo gênios de verdade entre os meus leitores. Em Viena, em São Petersburgo, em Estocolmo, em Copenhague, em Paris e Nova York – fui descoberto em todos os lugares da terra: **não** fui descoberto na terra rasa da Europa, na terra dos alemães... E, tenho de confessá-lo, me alegro ainda mais com meus não leitores, aqueles que nunca ouviram nem o meu nome, nem a palavra filosofia; mas onde eu chego, aqui em Turim por exemplo, cada rosto se anima e se torna bondoso ao me ver. O que até hoje mais me lisonjeou, dentre todas as coisas que já me aconteceram, é que as velhas mulheres do mercado não ficam em paz antes de terem juntado para mim as mais doces dentre as suas uvas. Para chegar **tão longe** a gente tem de ser filósofo... Não é por acaso que os poloneses são considerados os franceses entre os eslavos. Uma russa charmosa não se enganaria por um instante sequer a respeito do meu verdadeiro lugar. Não tenho

43. Para o momento, basta dizer que o Kreuzzeitung (Jornal da Cruz) talvez tenha sido o jornal mais reacionário que o mundo jamais conheceu. Nietzsche quer dizer que o Nationalzeitung (Jornal Nacional) interpretou o que ele disse em *Além do bem e do mal* como sendo tão conservador, a ponto de considerar que Nietzsche apenas dizia aquilo que o Kreuzzeitung – conservador ao extremo – não tinha coragem de dizer. Mais, no GLOSSÁRIO. (N.T.)

êxito nas tentativas de ser festivo, no máximo alcanço o embaraço... Pensar em alemão, sentir em alemão – eu posso tudo, mas **isso** está acima das minhas forças... Meu velho professor Ritschl chegou a afirmar que eu concebo até mesmo meus ensaios filológicos como um romancista parisiense – absurdamente empolgantes. Em Paris ficam surpreendidos a respeito de *"toutes mes audaces et finesses"* – a expressão é de Monsieur Taine –; eu temo que até mesmo nas altíssimas formas de meus ditirambos pode ser encontrado um pouco daquele sal, que jamais será bobão – "alemão" –, o *esprit*... Eu não sei fazer diferente. Deus me ajude! Amém...[44] Todos nós sabemos, alguns inclusive pela experiência, o que é um orelhudo. Pois bem, eu ouso dizer que eu possuo as menores orelhas do mundo. E isso está longe de ter pouco interesse para as mulherinhas – me parece que elas se sentem melhor compreendidas por mim?... Eu sou o **antiasno** *par excellence* e por isso um monstro histórico-universal – eu sou, em grego, e não apenas em grego, o **Anticristo**...

3.

Eu conheço mais ou menos os meus privilégios como escritor; em casos específicos chegaram a testemunhar para mim o quanto a adaptação aos meus escritos "deteriora" o gosto. Simplesmente não se suporta mais outros livros, menos ainda os filosóficos. É uma distinção sem igual adentrar esse mundo elegante e delicado – mas para isso não se deve ser, em nenhuma hipótese, alemão; no fim das contas esta é uma distinção que tem de ser merecida. Todavia quem, pela **altura** do querer, for meu

44. *Ich kann nicht anders. Gott helfe mir! Amen.* Célebres palavras de Lutero. (N.T.)

parente vive os verdadeiros êxtases do aprender nessa experiência: pois eu venho de alturas que pássaro algum jamais voou, eu conheço abismos nos quais pé algum um dia se perdeu. Me disseram que não é possível largar um livro meu quando se o tem nas mãos – que eu perturbo inclusive o descanso noturno... Entre todos os livros do mundo não existem livros tão orgulhosos e ao mesmo tempo tão refinados quanto os meus: eles alcançam, aqui e ali, o cume daquilo que pode ser alcançado na terra, o cinismo; eles têm de ser conquistados tanto com os dedos mais suaves quanto com os punhos mais bravosos. Toda a fraqueza da alma é excluída deles, de uma vez por todas, até mesmo a dispepsia: não se deve ter nervos, deve-se ter um ventre alegre. Não apenas a pobreza, o vácuo de uma alma é excluído deles, mas também e muito antes o covarde, o sujo, o secretamente-vingativo das entranhas: uma palavra minha obriga todos os instintos ruins a mostrarem a cara. Eu tenho entre meus conhecidos várias cobaias nas quais testo as mais diferentes – instrutivamente diferentes – reações aos meus escritos. Quem não quiser ter nada a ver com o conteúdo deles, os assim chamados meus amigos, por exemplo, torna-se "impessoal" no assunto: me congratula pelo fato de ter chegado "tão longe" e ainda diz que houve um progresso em direção a uma maior serenidade no tom... Os "espíritos" completamente viciosos, as "almas belas",[45] falsas até a raiz dos cabelos, simplesmente nem sabem o que fazer com esses livros – por consequência, eles veem os mesmos **abaixo** de si, abaixo da bela lógica de todas as "almas belas". Os bovinos entre os meus conhecidos, todos eles alemães, com licença, dão a entender que nem sempre é possível ter a minha opinião, mas de vez em quando

45. Expressão do *Wilhelm Meister* de Goethe. (N.T.)

sim. Por exemplo – eu cheguei a ouvir isso acerca do meu Zaratustra... Do mesmo jeito, todo o “feminismo” na pessoa humana, também no homem, é, para mim, uma porta fechada: ninguém jamais haverá de entrar nesse labirinto de conhecimentos arrojados. A gente não deve jamais poupar a si mesmo, a gente tem de ter a **dureza** entre seus hábitos a fim de poder permanecer alegre e contente em meio a tantas verdades duras. Quando eu fico a idealizar a imagem de um leitor perfeito, acaba surgindo sempre um monstro de coragem e curiosidade, e além disso algo flexível, cheio de manhas, precavido, um aventureiro nato, um descobridor. Por fim: eu não saberia dizer melhor a quem eu me dirijo, no fundo, do que Zaratustra o disse: **para quem,** apenas, ele quer narrar seu enigma?

> A vós, os que buscam com ousadia, a vós, os que tentam, a todos que um dia se lançaram ao mar terrível com suas velas cheias de manha,
>
> a vós, os bêbados-de-enigmas, os alegres-do-lusco-fusco, cuja alma é atraída por flautas a todo abismo enganador:
>
> – a vós, que não quereis tatear em busca de um fio com mão covarde; onde vós podeis **adivinhar,** ali odiais **calcular**...[46]

46. Citação do *Zaratustra,* Parte III, “Da visão e do enigma”. (N.T.)

4.

Quero dizer, ao mesmo tempo, uma palavra geral acerca da minha **arte do estilo**. **Comunicar** um estado, uma tensão interna de *páthos* através de sinais, incluída a velocidade desses sinais – esse é o sentido de todo o estilo. E, considerando que a multiplicidade de estados internos em mim é extraordinária, existem em mim várias possibilidades de estilo – aliás a mais múltipla arte de estilos que um homem jamais teve a seu dispor. **Bom** é todo o estilo que de fato comunica um estado interior, o estilo que não se equivoca na escolha dos sinais, da velocidade dos sinais, dos **gestos** – e todas as leis do período frasal são arte do gesto. Meu instinto é infalível nesse sentido... Um bom estilo **em si** – **pura estupidez**, mero "idealismo", algo como o "belo **em si**"... Sempre tendo em vista o fato de que existem ouvidos – de que existem ouvidos que são capazes e dignos de um *páthos* igual, de que não faltam aqueles com os quais a gente **pode** se comunicar... Meu Zaratustra, por exemplo, até hoje procura por ouvidos assim – ah! e ele ainda haverá de procurar por muito tempo!... A gente tem de ser **merecedor** de ouvi-lo... E até esse momento não existirá, por certo, ninguém capaz de entender a **arte** que ali foi desperdiçada: jamais houve alguém que teve em mãos tantos meios artísticos novos, inéditos, verdadeiramente criados para tanto, para desperdiçar. Que uma coisa dessas tenha sido possível justamente na língua alemã, ainda é necessário achar as causas para tanto: eu mesmo teria me recusado a acreditar nisso com a maior severidade antes do Zaratustra. Antes de mim jamais se soube o que é possível alcançar com a língua alemã – o que é possível alcançar com uma língua qualquer... A arte do ritmo **grandioso**, o estilo

grandioso do período disposto à expressão de um subir e descer colossal de paixões sublimes e sobre-humanas, fui apenas eu quem o descobriu... Com um ditirambo como o último do **terceiro** Zaratustra, intitulado "os sete selos", eu me elevei mil milhas acima daquilo que até hoje foi chamado de poesia.

5.

– Que do fundo dos meus escritos fala um **psicólogo** sem igual, talvez seja a primeira conclusão a qual chega um bom leitor – um leitor como eu o mereço, um leitor que me lê como os velhos e bons filólogos liam seu Horácio. As sentenças, sobre as quais em última análise o mundo inteiro está de acordo – sem contar os filósofos-do-mundo-inteiro, os moralistas e outros cabeças ocas: cabeças de repolho –, em mim parecem simples ingenuidades do engano: por exemplo, aquela crença que assegura que "egoísta" e "altruísta" são antônimos, enquanto o ego em si seria apenas uma "fraude ainda maior", um "ideal"... Não existem **nem** ações egoístas, **nem** ações altruístas: os dois conceitos são contrassensos psicológicos... Ou a sentença "o homem luta pela felicidade"... Ou a sentença "disposição e indisposição são antônimos"... A Circe da humanidade, a moral, falsificou – **desmoralizou** – todas as faculdades psicológicas até a raiz, até aquele disparate terrível de que o amor tenha de ser algo "altruísta"... A gente tem de estar firme sobre o **seu** assento, a gente tem de se sentir bravoso sobre as pernas, caso contrário nem sequer **se pode** amar. Isso as mulherinhas sabem bem demais: elas fazem o diabo com homens que são apenas altruístas, meramente objetivos... Será que posso ousar dizer, por tabela, que eu **conheço** as mulherinhas? Isso faz parte dos meus dotes dionisíacos. Quem sabe? talvez eu seja o primeiro psicólogo do eterno-feminino.[47] Elas todas me amam – uma velha história: descontadas as mulherinhas **fracassadas**, as "emancipadas", as incapazes de ter filhos... Por fortuna não tenho a menor intenção de deixar que me arrebentem: a mulher completa arrebenta, quando ela ama... Eu conheço essas mênades amáveis... Oh, que predadora sutil, perigosa, subterrânea, baixa! E é tão agradável ao mesmo tempo!... Uma mulher baixa, que vai atrás de sua vingança, seria capaz de passar a perna até mesmo no destino... A mulher é indizivelmente mais má do que o homem, e também mais esperta; a bondade na mulher já é uma espécie de **degeneração**... No fundamento de todas as assim chamadas "almas belas" existe uma inconveniência psicológica – eu não vou dizer tudo, senão eu acabaria adentrando o terreno da medicina. A luta por direitos **iguais** inclusive é um sintoma de doença: qualquer médico sabe disso... A mulher, quanto mais mulher ela é, se defende com unhas e dentes contra todo o tipo de direitos: o estado natural, a eterna **guerra** entre os sexos lhe dá, de longe, o primeiro lugar... Alguém teve ouvidos para a minha definição do amor? ela é a única digna de um filósofo. O amor – em seus meios, a guerra; em seu fundamento, o ódio mortal dos sexos... Alguém ouviu minha resposta à pergunta sobre como a gente **cura** – "liberta" – uma mulher? A gente faz um filho nela. A mulher tem necessidade de filhos, o homem é sempre apenas um meio: assim falou Zaratustra... "A emancipação da mulher" – esse é o ódio instintivo da mulher **malograda**, quer dizer, da mulher incapaz de procriar, contra tudo aquilo que é exitoso... Sua luta contra o "homem" é sempre apenas um meio,

47. Conceito que aparece no final do *Fausto* de Goethe. (N.T.)

um pretexto, uma tática. Quando as mulheres **se** elevam à condição de "mulher em si", de "mulher mais alta", de mulher "idealista", elas acabam **baixando** a posição geral da mulher; não existe nenhum meio mais certeiro para isso do que a formação ginasial, o direito às calças e ao voto bovino. No fundo, as emancipadas são as **anarquistas** no mundo do "eterno-feminino", aquelas que se deram mal, cujo instinto mais baixo é a vingança... Um gênero inteiro do "idealismo" mais maldoso – que aliás também ocorre entre os homens, por exemplo em Henrik Ibsen, essa típica virgem senil – tem por objetivo **envenenar** a consciência limpa e a natureza no amor sexual... E para que não reste dúvidas acerca da minha convicção, que é tanto honesta quanto severa, acerca desse ponto, quero comunicar mais uma sentença do meu código moral contra o **vício**: com a palavra vício eu combato toda a espécie de antinatureza ou, caso sejam preferidas palavras belas, o idealismo. A sentença diz: "A pregação da castidade é um incitamento público ao antinatural. Toda expressão de desprezo à vida sexual, toda a contaminação da mesma pelo conceito 'impura' é um crime contra a vida em si – é o pecado intrínseco contra o espírito santo da vida."...

6.

Para dar uma ideia a respeito de mim na condição de psicólogo, tomo uma peça curiosa de psicologia, que comparece em "Além do bem e do mal" – eu proíbo, aliás, toda e qualquer suposição acerca de quem é que eu descrevo nessa passagem. "O gênio do coração, assim como aquele grande oculto o possui, o deus-tentador e rateiro nato da consciência, cuja voz sabe mergulhar no submundo de qualquer alma, aquele que não diz uma palavra, não lança um olhar sequer no qual não haja uma tentativa e uma franja de sedução, a cujas maestrias pertencem o ato de saber parecer ser – e não aquilo que ele é, mas sim aquilo que, para os que o seguem, é uma **coação** a mais, para se aproximar, se apertar junto a ele cada vez mais, para segui-lo cada vez mais interna e profundamente... O gênio do coração, que faz calar e ensina a ouvir a tudo o que é ruidoso e vaidoso, que alisa as almas ásperas e lhes dá um novo desejo para experimentar – deitar em paz, como um espelho, para que o céu profundo se espelhe nele... O gênio do coração, que ensina a mão apatetada e ultrarrápida a pegar de leve e hesitantemente; que adivinha o tesouro escondido e esquecido, a gota de bondade e de espiritualidade doce sob o gelo turvo e grosso e é uma varinha de condão para todo o grão de ouro que jazeu enterrado no cárcere de muita lama e areia... O gênio do coração, de cujo toque todo mundo sai mais rico, não por ser anistiado ou surpreendido, não por ser alegrado ou oprimido por uma bondade alheia, mas sim mais rico em si mesmo, mais novo do que antes, desabrochado, bafejado e auscultado por um vento brando, talvez mais incerto, mais suave, mais frágil, mais quebrado, mas cheio de esperanças que ainda não têm nome, cheio de novas vontades e energias, cheio de novas más-vontades e contraenergias..."[48]

---

48. § 295 de *Além do bem e do mal.* (N.T.)

1.

Para ser justo em relação ao "Nascimento da tragédia" (1872), ter-se-á de esquecer algumas coisas. A obra **fez efeito** e até mesmo fascinou por aquilo que tinha de falho – por sua aplicação proveitosa ao **wagnerismo**, como se o mesmo fosse um sintoma de **ascensão**. E com isso ela foi um acontecimento na vida de Wagner: foi apenas a partir dela que começaram a existir grandes esperanças acerca do nome de Wagner. Ainda hoje as pessoas me lembram, em algumas circunstâncias no meio do Parsifal: como **eu**, na verdade, sou o culpado por existir uma opinião tão favorável a respeito do **valor cultural** desse movimento... Mais de uma vez encontrei a obra referenciada como "o **re**nascimento da tragédia a partir do espírito da música": as pessoas tiveram ouvidos apenas para uma nova fórmula da arte, para a intenção, para a **tarefa de Wagner** – e, com isso, foi ignorado o valor fundamental oculto na obra. "Helenismo e pessimismo": este seria um título nem um pouco ambíguo: ou seja, a primeira lição a mostrar como os gregos deram conta do pessimismo – com o que eles o **superaram**... Justo a tragédia é a prova de que os gregos **não** foram pessimistas: Schopenhauer se engana neste, como em todos os outros pontos... Tomada nas mãos com alguma neutralidade, o "Nascimento da tragédia" é uma obra bastante extemporânea: ninguém jamais chegaria a sonhar que ela foi **começada** sob os trovões da Batalha de Wörth. Eu pensei e elaborei esses problemas ante os muros de Metz, em frias noites de setembro, em meio ao serviço no corpo médico; seria mais fácil pensar que a obra é cinquenta anos mais velha do que de fato é. Ela é politicamente indiferente – "nada alemã", dir-se-ia hoje –, cheira escandalosamente hegeliana e em apenas algumas fórmulas é acometida pelo perfume amargo-cadavérico de Schopenhauer. É uma "ideia" – a antítese dionisíaco e apolíneo – traduzida ao metafísico; a própria história na condição de desenvolvimento dessa "ideia"; a antítese elevada à categoria de unidade na tragédia; e, sob essa ótica, o confronto de coisas que jamais estiveram cara a cara umas com as outras, fazendo com que elas se iluminassem e se **compreendessem** mutuamente... A ópera e a revolução, por exemplo... As **renovações** mais decisivas do livro são, de um lado, a compreensão do fênomeno **dionisíaco** entre os gregos – ele revela a primeira psicologia desse fenômeno e vê nele a raiz de toda a arte grega – e, de outro, a compreensão do socratismo: Sócrates na condição de instrumento da dissolução grega, reconhecido pela primeira vez na condição de *décadent* típico. "Racionalidade" **contra** instinto. A "racionalidade" a qualquer preço, como violência perigosa, solapadora da vida!... Silêncio profundo e hostil a respeito do cristianismo em todo livro... Ele não é nem apolíneo nem dionisíaco; ele **nega** todos os valores **estéticos** – os únicos valores que o "Nascimento da tragédia" reconhece: ele é, no mais profundo dos sentidos, niilista, ao passo em que no símbolo dionisíaco é alcançada a fronteira mais extrema da **afirmação**. Um dia o mundo haverá de se referir aos sacerdotes cristãos como uma "espécie traiçoeira de anões", de "seres subterrâneos"...

2.

Este começo é singular acima de todas as medidas. Eu havia **descoberto** a única comparação, o único paralelo à minha própria experiência interna que a história possui – e justamente com isso fui o primeiro a compreender o fenômeno maravilhoso do dionisíaco. Ao mesmo tempo, com o fato de reconhecer em Sócrates um *décadent*, estava dada uma prova irrefutável de quão pouco seria o perigo de a certeza do meu alcance psicológico sofrer ataques vindos do lado de uma idiossincrasia moral qualquer... A própria moral na condição de sintoma de decadência é um aspecto novo, uma unicidade de primeiro nível na história do conhecimento. A que alturas, além da lamentável conversa fiada sobre otimismo e pessimismo, eu não chegava com as duas conclusões!... Eu fui o primeiro a perceber a verdadeira antítese: o instinto **degenerado**, que se volta contra a vida com uma fúria vingativa subterrânea (– o cristianismo, a filosofia de Schopenhauer, em certo sentido até mesmo a filosofia de Platão e o idealismo inteiro como formas típicas) e uma fórmula da **mais alta afirmação**, nascida da abundância, da superabundância, um dizer-sim sem reservas, até mesmo para o sofrimento, para a culpa, para tudo o que é discutível e estranho na própria existência... Esse último, alegríssimo, mais grávido, mais excitado sim para a vida não é apenas a maior e a mais clara entre as compreensões, ele é também a **mais profunda**, a que mais foi confirmada e comprovada pela verdade e pela ciência. Nada nesse sim pode ser subtraído, nada nele pode ser considerado dispensável – os aspectos da existência negados pelos cristãos e outros niilistas inclusive têm uma posição infinitamente superior na ordem dos valores do que aquilo que o instinto de *décadence* aprovaria, do que aquilo que ele **poderia aprovar**. Para compreender isso é preciso ter **coragem** e a condição para que ela exista: um excedente de **forças** – pois precisamente tão longe quanto a coragem **pode** ousar adiantar-se é o que determina a medida das forças com as quais a gente se aproxima da verdade. O discernimento, o dizer-sim à realidade é, para o forte, uma necessidade tão grande quanto a covardia e a **fuga** da realidade – o "ideal" – o é para o fraco, subjugado sob a inspiração da fraqueza... Eles não têm liberdade para reconhecer: os *décadents* têm **necessidade** da mentira; a mentira é uma das condições de sua conservação... Quem não apenas compreende a palavra "dionisíaco", mas também **se** compreende na palavra "dionisíaco", não tem necessidade de refutar Platão, ou o cristianismo, ou Schopenhauer – ele **fareja a decomposição**...

3.

Até que ponto eu também havia descoberto, justamente com isso, o conceito "trágico", o discernimento final sobre o que é a psicologia da tragédia, eu já o trouxe à baila várias vezes, a última delas no **Crepúsculo dos ídolos**, página 139. "O dizer-sim à vida, até mesmo em seus problemas mais estranhos e mais duros, a vontade para a vida, que se alegra com a própria inesgotabilidade até mesmo no **sacrifício** de seus mais altos tipos – **foi isso** que eu chamei de dionisíaco, foi isso que eu entendi como ponte para a psicologia do poeta **trágico**... **Não** para poder se livrar do susto e da compaixão, não para se purificar da própria emoção perigosa através de uma descarga veemente – foi assim que Aristóteles a entendeu, e mal; mas sim para **ser**, muito além do susto e da compaixão, o **próprio** prazer eterno do vir-a-ser **em si**, aquele prazer que ainda encerra em si o **prazer da aniquilação**..." Nesse sentido, eu tenho o direito de me reconhecer a mim mesmo como o primeiro **filósofo**

trágico – quer dizer, a antítese mais extrema, o antípoda mais decidido de um filósofo pessimista. Antes de mim não existiu essa transferência do dionisíaco para o *páthos* filosófico: faltava a **sabedoria trágica**... Eu procurei sinais dela até mesmo entre os **grandes** gregos da filosofia, aqueles que existiram dois séculos **antes** de Sócrates. Em relação a **Heráclito** até ficou uma dúvida para trás; em sua presença eu sinto mais calor, eu me sinto melhor do que em qualquer outro lugar. A afirmação do delito **e da aniquilação**, o aspecto decisivo em uma filosofia dionisíaca, o dizer-sim à antítese e à guerra, o **vir-a-ser**, com a refutação radical até mesmo do conceito "ser" – dentro disso eu tenho de reconhecer aquilo que mais se aparenta a mim entre tudo o que foi pensado até hoje. A lição do "eterno retorno", quer dizer do ciclo incondicional e infinitamente repetido de todas as coisas – a lição de Zaratustra **poderia**, em última instância, já ter sido ensinada por Heráclito. Pelo menos a Stoa,[49] que herdou quase todas as ideias fundamentais de Heráclito, mostra rastros dela...

4.

Do interior dessa obra fala uma esperança colossal. Ao fim e ao cabo, falta-me qualquer motivo para retirar a esperança em um futuro dionisíaco da música. Lancemos um olhar um século à frente, suponhamos que meu atentado a dois séculos de antinatureza e violação do homem tenha sucesso... Esse novo partido da vida, que irá tomar nas mãos a maior dentre todas as atividades, a educação

---

49. Escola filosófica fundada por Zenão de Cício, por volta do ano 308 a. C., na *Stoà poikilé,* espécie de salão adornado com quadros de várias cores, onde Zenão se reunia com seus discípulos. Devido ao nome do salão, a escola recebeu o nome de estoicismo, pelo qual é conhecida até hoje. (N.T.)

elevada da humanidade, incluída a aniquilação implacável de tudo aquilo que é degenerado e parasitário, haverá de voltar a tornar possível sobre a terra aquele **excesso de vida**, do qual também terá de voltar a crescer e vigorar o estado dionisíaco. Eu prometo uma época **trágica**: a arte mais elevada de dizer-sim à vida, a tragédia, haverá de voltar a renascer, quando a humanidade tiver atrás de si a consciência das guerras mais duras, mas mais necessárias, **sem sofrer por causa disso**... Um psicólogo ainda poderia acrescentar que aquilo que em anos recentes fez parte da música de Wagner não tem absolutamente nada a ver com Wagner; que se eu descrevi a música dionisíaca, eu apenas descrevi aquilo que **eu** ouvi – que eu tinha de traduzir e transfigurar tudo no novo espírito que eu trazia dentro de mim... A prova para tanto, **tão forte quanto apenas uma prova pode ser**, é minha obra "Wagner em Bayreuth": em todas as partes decisivas e psicológicas ela fala apenas de mim – pode-se, sem a menor consideração, colocar o meu nome ou a palavra "Zaratustra" onde o texto menciona a palavra Wagner. Toda a imagem do artista **ditirâmbico** é a imagem do poeta **preexistente** do "Zaratustra", insinuado com uma profundeza abismal e sem tocar a realidade wagneriana por um instante que seja. O próprio Wagner chegou a compreendê-lo assim; ele não se reconheceu mais nessa obra... Do mesmo modo "o pensamento de Bayreuth" havia se transformado em algo que ao conhecedor do meu Zaratustra não haverá de ser nenhum conceito enigmático: naquela **tarde grandiosa**, na qual os maiores dentre os eleitos se consagram à maior dentre todas as tarefas – quem sabe? a visão de uma festa que eu ainda haverei de vivenciar... O *páthos* das primeiras páginas é histórico-universal; o **olhar**, do qual se fala na sétima página, é, na verdade, o olhar-de-Zaratustra: Wagner, Bayreuth, toda a pequena miséria alemã é apenas uma nuvem, na qual se reflete a fata morgana infinita do futuro. Até mesmo no que diz respeito aos aspectos psicológicos, todos os traços mais decisivos da minha própria natureza estão marcados na de Wagner – o paralelismo das forças mais luminosas e funestas, a vontade de poder, assim como homem algum jamais a possuiu, a bravura insolente no espiritual, a força ilimitada de aprender sem que com isso a vontade para a ação seja sufocada... Tudo está anunciado por antecipação nessa obra: a proximidade do retorno do espírito grego, a necessidade de **contra-Alexandres**, que voltem a **atar** o nó górdio da cultura grega depois de ele ter sido desfeito... Escute-se o tom histórico-universal com o qual é encaminhado o conceito "mentalidade trágica", na página 30: há apenas tons puramente histórico-universais nessa obra. Essa é a "objetividade" mais estranha que pode existir: a absoluta certeza acerca do que **eu** sou se projeta sobre uma realidade qualquer e casual – a verdade sobre mim falou de uma profundeza assustadora. Na página 71 o **estilo** de Zaratustra é descrito com uma certeza cortante e antecipado de vez; e jamais alguém haverá de achar uma expressão mais grandiosa para o **acontecimento** Zaratustra – o ato de uma purificação colossal e da consagração da humanidade – do que a que foi encontrada entre as páginas 43 e 46...[50]

50. Nietzsche se refere às páginas da primeira edição de "Richard Wagner em Bayreuth", uma das *Considerações extemporâneas.* (N.T.)

1

As quatro considerações **extemporâneas** são absolutamente guerreiras. Elas provam que eu não fui nenhum "João Sonhador", que tenho prazer em desembainhar a espada – e talvez também que tenho o pulso perigosamente livre e destro. O **primeiro** ataque (1873) foi contra a formação alemã, para a qual eu descia um olhar de desprezo implacável já naquela época. Sem sentido, sem substância, sem objetivo: apenas uma "opinião pública". Não existe nenhum mal-entendido mais maldoso do que acreditar que o grande triunfo armado dos alemães prove alguma coisa em favor dessa formação – até mesmo **sua** vitória contra a França... A **segunda** extemporânea (1874) traz à luz o aspecto perigoso, que corrói e envenena a vida no modo através do qual operamos a ciência: a vida **enferma** por causa dessas roldanas e mecanismos desumanizados, por causa da "**im**pessoalidade" do trabalhador, por causa da falsa economia da "divisão do trabalho". A **finalidade** se perde, a cultura – o meio, a operação moderna da ciência, se **barbariza**... Nesse ensaio o "sentido histórico", pelo qual esse século se orgulha, foi reconhecido pela primeira vez como uma doença, como um sinal típico de ocaso... Na **terceira** e na **quarta** extemporâneas são erigidas duas imagens do mais duro **egoísmo**, da mais dura **autodisciplina** em oposição a isso, na condição de sinal para um conceito **mais alto** de cultura, para a restauração do conceito "cultura"; essas imagens são tipos extemporâneos, cheios de desprezo soberano contra tudo o que em volta deles se chame "império", "formação", "cristianismo", "Bismarck", "sucesso" – Schopenhauer e Wagner **ou**, em uma palavra, Nietzsche...

2.

Desses quatro atentados, o primeiro teve um sucesso extraordinário. O barulho que ele acabou provocando foi, em todos os sentidos, pomposo. Eu havia tocado uma nação vitoriosa em seu ponto fraco – sua vitória **não** era um acontecimento cultural, mas talvez apenas... talvez algo bem diferente... A resposta veio de todos os lados e, nem de longe, apenas dos velhos amigos de David Strauss, que eu ridicularizei na condição de tipo ideal de filisteu cultural alemão e *satisfait*, curto e grosso, na condição de autor de seu evangelho de cervejaria sobre "a velha e a nova crença"[51] (o conceito filisteu cultural acabou perdurando na língua, a partir da minha obra). Esses velhos amigos aos quais eu aguilhoara profundamente acusando-os de würtembergueses e suábios, ao achar cômica sua *avis rara*, Strauss,[52] responderam de maneira tão singela e grosseira como eu, de certa maneira, apenas poderia desejar; as réplicas prussianas foram mais inteligentes – elas tinham mais "azul berlinense"[53] em si. A maior indecência foi cometida por um jornal de Leipzig, o mui afamado "Grenzboten"; eu tive dificuldades em

51. Referência à obra homônima de David Strauss, ponto de partida para a primeira das *Considerações extemporâneas* (Unzeitgemässe Betrachtungen). (N.T.)

52. A ironia na frase é que "Strauss" também significa "avestruz", em alemão. (N.T.)

53. A partir do "azul berlinense" (*Berliner Blau*, conhecido também como azul da prússia; Berlim era a capital da Prússia) obteve-se o ácido prússico – ou ácido cianídrico –, um veneno. (N.T.)

impedir passos mais indignados do pessoal de Basileia.[54] Incondicionalmente a meu favor, decidiram-se apenas alguns senhores idosos, por razões embrulhadas e em parte difíceis de serem descobertas. Entre eles, Ewald, de Göttingen, que deu a entender que meu atentado acabou sendo fatal a Strauss. O mesmo aconteceu com o velho hegeliano Bruno Bauer, no qual passei a ter, a partir de então, um dos meus leitores mais atentos. Ele gostava muito de se referir a mim em seus últimos anos, por exemplo dando ao senhor von Treitschke – o historiador prussiano – um sinal de onde poderia encontrar informações sobre o conceito "cultura", que acabara se perdendo para ele. O mais pensativo, e também o mais longo a respeito da obra e de seu autor foi produzido por um velho aluno do filósofo von Baader, um tal professor Hoffmann, de Würzburg. Ele via, a partir dessa obra, uma grande função para mim – levar a uma espécie de crise e decisão maior no problema do ateísmo, do qual ele adivinhou em mim o advogado mais instintivo e mais inclemente. O ateísmo foi aquilo que me levou a Schopenhauer... Mas de longe mais ouvida, e sentida de maneira muito mais amarga, foi uma recomendação extraordinariamente forte e bravorosa do em outras situações tão suave Karl Hillebrand, esse último alemão **humano**, que sabia conduzir como poucos a pena. A gente leu seu ensaio no "Augsburger Zeitung"; hoje pode-se lê-lo, em uma forma um pouco mais cuidadosa e precavida, em suas obras completas. No jornal, a minha obra era representada como um acontecimento, um momento de transição, a primeira autoconsciência, o melhor sinal, como um **retorno** autêntico da seriedade alemã e da paixão alemã

54. Quer para defender a ele, Nietzsche, quer para despedi-lo da universidade onde trabalhava. (N.T.)

nas coisas espirituais. Hillebrand foi cheio de distinção no que diz respeito à forma da obra, a seu gosto maduro, a seu compasso perfeito na diferenciação entre pessoa e coisa: ele a distinguiu como a melhor obra polêmica escrita em alemão – justamente nessa arte tão perigosa, tão desaconselhável para os alemães: a arte da polêmica. Seu dizer-sim foi incondicional e ele chegou até a me afiar mais ainda naquilo que eu havia ousado dizer sobre a vulgarização da língua na Alemanha (– hoje em dia eles fazem o papel de puristas e já não podem mais construir uma frase –), mostrando o mesmo desprezo contra os "maiores escritores" dessa nação; terminou mostrando sua admiração pela minha **coragem** – aquela "coragem mais elevada que é capaz de levar o favorito de um povo ao banco dos réus"... A repercussão desse escrito é de todo incalculável em minha vida... Ninguém procurou a disputa comigo até hoje. Todo mundo silencia e na Alemanha me tratam com uma cautela sombria: há anos faço uso de uma liberdade de discurso incondicional, para a qual ninguém, muito menos no "império", tem **mãos** livres o bastante. Meu paraíso é "sob a sombra da minha espada"... No fundo eu sempre pratiquei uma máxima de Stendhal: ele aconselha a todo mundo fazer sua entrada na sociedade através de um **duelo**. E como eu escolhi meu inimigo! o primeiro livre-pensador alemão!... Com efeito, uma espécie totalmente **nova** de livre-pensamento ficou expressa pela primeira vez: até hoje não há nada mais estranho e pouco aparentado a mim do que esses espécimes todos de europeus e americanos "*libres penseurs*". Com eles e com os paspalhos e bufões das "ideias modernas" eu inclusive me encontro em divergência ainda maior do que com qualquer de seus opositores. Eles também querem, a seu modo, "melhorar" a humanidade; segundo seu modelo, no entanto, eles haveriam de entrar em uma guerra irreconciliável comigo por causa daquilo que eu sou, por causa daquilo que eu **quero**, estabelecido o fato de que tenham me entendido – todos eles ainda acreditam no "ideal".... Eu sou o primeiro **imoralista**...

3.

Que as extemporâneas que foram rubricadas com os nomes de Wagner e de Schopenhauer poderiam ter um papel especial na compreensão ou até mesmo na discussão psicológica dos dois casos eu não chegaria a afirmar; excluídos alguns aspectos bem particulares, fique claro. Assim, por exemplo, o caráter elementar da natureza de Wagner é identificado com profunda certeza instintiva como sendo um talento de ator, ao passo que seus métodos e intenções são apenas uma consequência desse talento. No fundo eu quis fazer coisa bem diferente da psicologia com esses escritos – um problema educativo sem igual, um novo conceito para a **autodisciplina,** para a **autodefesa** até alcançar a rigidez, um caminho para a grandeza e para tarefas histórico-universais exigia sua primeira expressão. Calculando por alto eu tomei dois tipos famosos e ainda vacilantes como um todo, a partir de seu conteúdo – assim como a gente agarra uma oportunidade à mão pelo topete –, a fim de declarar algo, a fim de manusear melhor um par de fórmulas, sinais e meios de expressão. Isso já está, em última instância – e com uma sagacidade sinistramente perfeita –, insinuado também na página 93 da terceira extemporânea. Da mesma maneira, Platão fez uso de Sócrates, como se ele fosse uma semiótica para Platão... Agora que volto meus olhos de alguma distância para aquelas circunstâncias, cujo testemunho são os escritos mencionados, eu não haveria de negar que no fundo eles falam apenas de mim. O texto "Wagner em Bayreuth" é uma visão do meu próprio futuro; "Schopenhauer como educador" é, ao contrário, a minha história mais íntima, incluído meu **vir-a-ser**. E antes de tudo minha **promessa**!... Aquilo que eu hoje sou, **onde** eu hoje estou – em uma altura na qual eu não falo mais através de palavras, mas sim através de raios –, oh, como eu ainda estava longe disso naquela época!... Mas eu **via** a terra – não me enganei por um instante sequer a respeito do caminho, do mar e do perigo – **e a respeito do sucesso**! A grande calma no ato de prometer, esse olhar venturoso para um futuro que não deveria ficar apenas na condição de juramento!... Ali todas as palavras são vividas, profundamente, interiormente; não faltam experiências das mais dolorosas, e há palavras que chegam a ser sanguinárias. Mas o vento da **grande** liberdade já sopra sobre tudo; a própria ferida **não** age como objeção... Sobre a minha compreensão dos filósofos como um tremendo material explosivo, ante o qual tudo está em perigo; sobre a renovação que promovo com meu conceito de "filósofo", colocando-o a milhas de distância de um conceito capaz de ainda encerrar em si um Kant – sem contar os "ruminantes" acadêmicos e outros professores de filosofia... O meu texto dá uma aula impagável, reconhecido inclusive o fato de que no fundo não é "Schopenhauer como educador", mas sim sua **antítese**, "Nietzsche como educador", que é chamado às falas... Considerando que na época meus instrumentos eram os de um erudito e, talvez, que eu **compreendia** meus instrumentos, também adquire importância uma peça áspera de psicologia do erudito que de repente vem à luz nesse texto: ela exprime o **sentimento de distância**, a profunda certeza sobre aquilo que em mim é **tarefa**, sobre aquilo que pode apenas ser meio, entreato e obra paralela... É minha sagacidade, ter sido muitas coisas em muitos lugares a fim de poder me tornar uno – a fim de poder chegar a ser um... Eu também **tinha** de ser, por algum tempo, um erudito...

Humano, demasiado humano

Com duas continuações

1.

"Humano, demasiado humano" é o monumento de uma crise. Ele se chama um livro para espíritos **livres**: praticamente cada uma de suas sentenças exprime uma vitória – com o mesmo, eu me livrei daquilo que **não faz-parte-de-mim** em minha natureza. Não faz parte de mim o idealismo: o título diz "onde **vós** vedes coisas ideais, **eu** vejo – coisas humanas, ah, coisas demasiado humanas!"... Eu conheço **melhor** o homem... Em nenhum outro sentido a palavra "espírito livre" quer ser entendida: um espírito que **se tornou livre**, que voltou a tomar posse de si mesmo. O tom, o timbre mudou por completo: as pessoas haverão de achar o livro sagaz, frio e, dadas as circunstâncias, duro e sarcástico. Uma certa espirituosidade de sabor **nobre** parece se manter de maneira constante à superfície, dominando uma corrente mais passional. Nesse contexto faz sentido o fato de que a publicação do livro no ano de 1878 pareça ser justificada pela celebração dos cem anos da morte de **Voltaire**... Pois Voltaire é, ao contrário de tudo aquilo que se escreveu depois dele, um *grand seigneur* do espírito: exatamente aquilo que eu também sou... O nome de Voltaire em um texto meu – isso foi de fato um progresso em direção **a mim**... Se alguém observar com mais atenção, descobrirá um espírito impiedoso, que conhece todos os esconderijos nos quais o ideal se encontra em casa – nos quais ele tem seus calabouços e ao mesmo tempo seu último lugar seguro. Uma tocha nas mãos, que está longe de fazer a luz vacilante da tocha, mas ilumina com claridade cortante o **submundo** do ideal... É a guerra, mas uma guerra sem chumbo nem pólvora, sem atitudes guerreiras, sem *páthos* e membros deslocados – tudo isso ainda seria "idealismo". Um erro atrás do outro é deitado sobre o gelo com tranquilidade, o ideal não é refutado – **ele morre de frio**... Ali, por exemplo, "o gênio" morre de frio; num **cantinho** adiante, "o santo" morre de frio; sob um grosso tampão de gelo, ainda mais adiante, "o herói" morre de frio; no fim morre de frio "a crença", a assim chamada "convicção", e também a "piedade" se esfria significativamente – quase em todos os lugares morre de frio "a coisa em si"...

2.

Os começos desse livro datam das semanas do primeiro Festival de Música de Bayreuth; uma profunda estranheza contra tudo aquilo que me cercava por lá é um dos seus pressupostos. Quem tem ideia a respeito das visões que já naquela época atravessaram meu caminho pode adivinhar como foi que eu me senti ao despertar em Bayreuth, certo dia... Exatamente como se eu tivesse sonhado... Onde é que eu estava? Eu não reconhecia mais nada, eu mal reconhecia Wagner. Em vão folheei em minhas recordações. Tribschen – uma distante ilha dos bem-aventurados: nenhuma sombra de semelhança. Os dias incomparáveis da colocação da pedra fundamental, a pequena companhia de **iniciados** que a festejou e que mostrou dedos suaves no manejo das coisas: nenhuma sombra de semelhança. **O que havia acontecido**?... Haviam traduzido Wagner para o alemão! O wagneriano se tornou senhor sobre o próprio Wagner!... A arte **alemã**! o mestre **alemão**! a cerveja **alemã**!... Nós, os outros, que sabíamos bem até demais que a arte de Wagner é capaz apenas de falar de perto ao cosmopolitismo do gosto, estávamos fora de nós ao reencontrar Wagner coberto de "virtudes" alemãs... Eu penso conhecer o wagneriano, eu "vivenciei" três de suas gerações, desde o falecido Brendel, que confundia Wagner com Hegel, até os "idealistas" da "Bayreuther Blätter", que confundem Wagner consigo mesmos – eu ouvi todo o tipo de confissões, das mais diversas "belas almas" acerca de Wagner. Um reino por uma palavra sensata!... Na verdade, uma sociedade de arrepiar os cabelos! Nohl, Pohl, **Kohl**[55] com graça *in infinitum*! Nenhuma monstruosidade falta entre eles, nem mesmo a do antissemita[56]... O pobre Wagner! Onde é que ele foi acabar!... Se pelo menos tivesse se lançado entre os porcos![57] Mas entre os alemães!... Por último ter-se-ia de, para que as gerações futuras aprendessem, empalhar um bayreutiano autêntico ou, melhor ainda, conservá-lo num vidro de espirituoso – pois há tanta falta de espírito –, com a seguinte inscrição: essa é a cara do "espírito" sobre o qual foi construído o "império".... Basta! Eu viajei, em meio aos festejos, por algumas semanas, de maneira bem repentina, ainda que uma parisiense charmosa tivesse procurado me consolar; apenas me desculpei junto a Wagner com um telegrama fatalista. Num lugar escondido nas profundezas da Floresta Boêmia, em Klingenbrunn, eu carreguei comigo minha melancolia e

55. O trocadilho é outra das características do talento poético nietzschiano (anteriormente: "cabeças ocas: cabeças de repolho"). Aqui, Nietzsche refere-se a Ludwig Nohl e Richard Pohl, wagnerianos de ofício, emendando seus nomes com o substantivo "Kohl", que significa – denotativamente – "couve", mas pode significar também – conotativamente – "bobagem", ou coisa do tipo. Os acontecimentos do primeiro festival de Bayreuth remetem a agosto de 1876; Nietzsche assiste a apenas uma parte dos festejos e depois abandona a cidade, desiludido, afastando-se de Wagner. (N.T.)

56. Eis, pois, outra prova cabal – e desta vez **preto no branco** – da malversação do legado filosófico de Nietzsche. (N.T.)

57. Outra referência bíblica. Desta vez à "Parábola do Filho Pródigo", em Mateus, Cap. 8. (N.T.)

meu profundo desprezo aos alemães como se fossem uma doença – **e**, de tempos em tempos, escrevia uma frase em meu caderno de notas, sob o título geral de "a relha do arado"; eram, todas elas, **duras** análises psicológicas, que talvez ainda possam ser encontradas em "Humano, demasiado humano".

3.

O que se decidiu em meu interior naquela época não foi um rompimento com Wagner – eu sentia uma aberração geral de meu instinto, da qual a única decisão equivocada, fosse ela chamada de Wagner ou de cadeira de professor em Basileia, era apenas um sinal. Uma **impaciência** comigo mesmo tomou conta de mim; eu reconheci que havia chegado o tempo de **me** voltar para mim mesmo. De uma vez por todas ficou claro para mim, de uma maneira terrível, quanto tempo já havia sido desperdiçado – quão inútil e arbitrariamente toda a minha existência de filólogo destoava da minha verdadeira tarefa. Eu me envergonhei por essa **falsa** humildade... Dez anos passados, nos quais a **alimentação** do meu espírito havia cessado de todo, nos quais eu não havia acrescentado nada de útil ao meu saber, nos quais eu havia esquecido absurdamente muito, só por causa das quinquilharias de uma erudição empoeirada. Arrastar-se por métricas antigas com minuciosidade e olhos fracos – foi a isso que eu cheguei!... Cheio de compaixão me vi bem magro, totalmente esfomeado: as **realidades** faltavam por completo no interior de meu saber e as "idealidades" prestavam seu serviço ao diabo!... Uma sede ardente tomou conta de mim: e daquele instante em diante não fiz mais nada a não ser fisiologia, medicina e ciências naturais – até mesmo para estudos meramente históricos eu só fui retornar quando a **tarefa** me obrigou em tom imperativo. Foi naquela época que eu me dei conta da relação existente entre uma atividade eleita contra os instintos – uma assim chamada "carreira", da qual a gente normalmente **faz tudo** para sair correndo – e aquela necessidade de **anestesiar** o sentimento de vazio e de fome através de uma arte narcótica: por exemplo, a arte de Wagner. Depois de um olhar cuidadoso em volta de mim, eu descobri que para um grande número de homens jovens vigora o mesmo estado de emergência: uma antinatureza acaba **forçando**, por assim dizer, uma segunda. Na Alemanha, no "império" – para falar sem ambiguidade – é demasiado grande a parcela dos condenados a se decidir precocemente para depois **definhar aos poucos** sob uma carga que já não pode mais ser jogada às favas... Esses necessitam de Wagner como de um **opiato** – pois com ele se esquecem, se livram de si mesmos por um momento... O que estou dizendo! **Cinco a seis horas**!...

4.

Naquela época meu instinto decidiu-se de maneira inexorável contra a continuação da condescendência, do seguir-aos-outros, do enganar-a-mim-mesmo. Qualquer modo de vida, as condições mais desfavoráveis, enfermidade, pobreza – tudo me parecia preferível àquela "ausência-de-si" indigna à qual eu me entregara por ignorância, por **juventude**, e na qual eu acabara ficando pendurado mais tarde por preguiça, devido ao assim chamado "sentimento do dever"... Foi então que – de uma forma que eu jamais cansarei de admirar e justamente no tempo exato – aquela **terrível** herança do lado de meu pai veio em minha ajuda: no fundo apenas uma predestinação a uma morte precoce. A enfermidade **foi me livrando aos poucos de tudo** – ela me poupou qualquer rompimento, qualquer passo violento e ofensivo. Eu não perdi nenhuma simpatia na época, e ainda acabei acrescentando muito àquilo que já tinha. Ao mesmo tempo, a enfermidade me dava o direito a uma volta completa em direção a todos os meus hábitos; ela permitiu, ela **ordenou** que eu esquecesse; ela me presenteou com a **urgência** de deitar quieto, de caminhar ocioso, de esperar e de ser paciente... Mas isso significa pensar!... E meus olhos, só eles, já puseram um fim em meus hábitos de rato de biblioteca – em alemão: filologia – e eu estava livre do "livro" e durante anos não li mais nada: o **maior** favor que eu jamais provei a mim mesmo!... Aquele mais baixo dos seres, soterrado e ao mesmo tempo acalmado sob um constante **ter-de-ouvir** o que outros seres diziam (e é isso que significa ler!) despertou devagar, tímida e duvidosamente – até que enfim **voltou a falar**. Jamais me senti tão feliz comigo mesmo em minha vida do que nos tempos em que estive mais doente e senti mais dor: é preciso observar apenas a "aurora" ou até mesmo o "andarilho e sua sombra" para compreender o que esse "retorno a **mim**" significou – uma espécie mais elevada do **restabelecimento** em si!... A outra apenas surgiu dessa...

5.

Humano, demasiado humano, esse monumento de uma rigorosa autodisciplina, através do qual eu encaminhei um fim abrupto a todos os "embustes elevados", "idealismos", "sentimentos bondosos" e outras feminilidades que havia em mim, foi escrito – em todos os seus aspectos básicos – em Sorrento; recebeu sua conclusão, sua forma final, num inverno de Basileia, sob condições bem menos favoráveis se comparadas às de Sorrento. No fundo é o senhor **Peter Gast**, que na época estudava na

Universidade de Basileia e era muito afeiçoado a mim, o culpado pelo livro. Eu ditei, de cabeça enfaixada e cheia de dor, ele escreveu, e também corrigiu – em última análise foi ele o verdadeiro escritor do livro, ao passo que eu fui meramente seu autor. Quando o livro enfim chegou pronto às minhas mãos – para a profunda surpresa de alguém que estava gravemente enfermo –, eu enviei, entre outros, também a Bayreuth dois exemplares. Por um milagre de sentido havido no acaso chegou para mim, ao mesmo tempo, um belo exemplar do texto do Parsifal, com a dedicatória de Wagner a mim, "de Richard Wagner, Conselheiro Eclesiástico, a seu caro amigo Friedrich Nietzsche"... Esse cruzamento dos dois livros – para mim era como se ouvisse um tom ominoso provindo dele. O som não foi o de duas **espadas** que se cruzam?... Em todo o caso foi assim que nós dois o sentimos, pois nós dois silenciamos... Foi nessa época que foram publicadas as primeiras "Bayreuther Blätter": eu entendi **para que** havia chegado o tempo... Inacreditável! Wagner havia se tornado devoto...

6.

Sobre o que eu pensava a respeito de mim mesmo naquela época (1876), com que certeza colossal eu tomei nas mãos minha atividade e seu aspecto histórico-universal, o livro inteiro, mas em especial uma de suas passagens mais expressivas, dá o testemunho: todavia mais uma vez, com uma astúcia instintiva típica em mim, dei uma volta passando ao longe da palavrinha "eu"... E se dessa vez não falei de Schopenhauer e Wagner, cobri de glória histórico-universal o nome de um de meus amigos, o excelente Dr. Paul Rée – por sorte uma criatura bem mais refinada... **Outros** já se mostraram bem mais grossos do que ele: eu sempre reconheci os sem-esperança entre meus leitores, por exemplo o típico professor alemão, no fato de acreditarem ter de entender, por causa dessa passagem, o livro inteiro como um réealismo[58] superior... Na verdade ela continha a objeção contra cinco ou seis sentenças do meu amigo: quem quiser esclarecer tudo pode reler o prefácio à genealogia da moral... A passagem diz o seguinte: mas qual é a sentença principal à qual chegou um dos pensadores mais ousados e frios, o autor do livro "sobre a origem das sensações morais" (*lisez*: Nietzsche, o primeiro **imoralista**) em virtude de suas análises incisivas e cortantes da ação humana? "O homem moral não está mais próximo do mundo inteligível do que o físico – **pois** o mundo inteligível não existe..." Essa frase, que se tornou dura e cortante sob o golpe de martelo do conhecimento histórico (*lisez*: **Transvaloração de todos os valores**), talvez um dia possa, em um futuro qualquer – 1890! – servir de machado para atingir a raiz da "necessidade metafísica" da humanidade – se para a benção ou para a maldição da humanidade, quem saberia dizê-lo? Em todo caso, porém, na condição de tese das mais sérias consequências, profícua e medonha ao mesmo tempo, e com aquele **duplo olhar** para o mundo, que todos os grandes conhecimentos possuem...[59]

58. União de Rée (Paul Rée) com "realismo". (N.T.)

59. A passagem toda (após os dois pontos, Nietzsche não a coloca entre aspas) é uma citação – levemente alterada, com elipses e interpolações facilmente identificáveis – de *Humano, demasiado humano,* § 37. (N.T.)

Pensamentos sobre a moral como preconceito

1.

Com esse livro começa a minha campanha contra a **moral**. Não que ele manifeste o menor cheiro de pólvora – nele serão percebidos odores completamente diferentes e bem mais agradáveis, desde que se tenha alguma finura nas narinas. Nem artilharia pesada, nem leve: se o efeito do livro é negativo, seus meios o são tanto menos, esses meios aos quais o efeito segue como uma conclusão, **não** como um tiro de canhão. Que a gente se despeça do livro com uma cautela acanhada ante tudo aquilo que até hoje foi honrado e até mesmo adorado sob o nome de moral não está em contradição com o fato de que no livro inteiro não apareça sequer uma palavra negativa, nenhum ataque, nenhuma maldade – que ele muito antes esteja deitado ao sol, redondo, feliz, semelhante a um animal marinho a lagartear entre as rochas. Por fim, eu mesmo era esse animal marinho: quase todas as sentenças do livro são refletidas, **pescadas** naquela confusão de rochedos próxima a Gênova, onde eu estava sozinho e ainda tinha meus segredos com o mar. Ainda hoje, quando toco por acaso esse livro, quase cada frase se transforma em ponta, na qual eu volto a arrancar algo incomparável das profundezas: toda a sua pele vibra em tremores de recordação. A arte em que ele sobressai não é nada insignificante: reter por pouco tempo coisas que passam por nós leves e sem fazer ruído, momentos que eu chamo de lagartixas divinas – não com a crueldade daquele jovem deus grego que simplesmente trespassava a pobre lagartixa, mas pelo menos ainda com algo pontiagudo, com a pena... "Há tantas auroras que ainda não brilharam" – essa inscrição **indiana** está às portas desse livro. Onde o seu criador **procura** aquela nova manhã, aquele rubor delicado desconhecido até agora, com o qual um novo dia – ah, toda uma série, um mundo inteiro de novos dias – romperá? Em uma **transvaloração de todos os valores**, em um desprender-se de todos os valores morais, em um dizer-sim e um ter-confiança em tudo que até hoje foi proibido, desprezado, amaldiçoado. Esse livro **afirmativo** jorra sua luz, seu amor, sua ternura sobre coisas puramente ruins, ele volta a lhes devolver "a alma", a consciência limpa, o direito altivo e o **privilégio** à existência. A moral não é atacada, ela apenas não é mais considerada... Esse livro termina com um "Ou?" – ele é o único livro que termina com um "Ou?"...

2.

Minha tarefa de preparar para a humanidade um momento de suprema tomada de consciência, um grande **meio-dia**, no qual ela olhe para trás e para a frente, no qual ela fuja ao império do acaso e dos sacerdotes e coloque pela primeira vez a pergunta do por quê?, do para quê? **como um todo** – essa tarefa resulta, necessariamente, da compreensão de que a humanidade **não** está por si mesma no caminho correto, que ela **está longe** de ser regida de maneira divina, que, muito antes, justo entre suas mais sagradas noções de valor, o instinto da negação, da deterioração, o instinto da *décadence* reinou com toda sua sedução. A pergunta acerca da origem dos valores morais é, por isso, uma pergunta de **primeira ordem** para mim – porque ela condiciona o futuro da humanidade.

A exigência de que a gente deva **acreditar**, de que no fundo tudo se encontra nas melhores mãos, de que um livro, a Bíblia, concede a tranquilização definitiva no que diz respeito à sabedoria divina na condução do destino da humanidade, é, retraduzida na realidade, a vontade de não deixar surgir a verdade sobre a lamentável antítese disso tudo, ou seja, o fato de que a humanidade até hoje esteve nas **piores** mãos, de que ela foi regida pelos malogrados, pelos vingativos-astutos, pelos assim chamados "santos", esses caluniadores do mundo e violadores do homem. O sinal decisivo no qual se revela que o sacerdote – inclusive os sacerdotes **mascarados**, os filósofos – tornou-se o senhor absoluto de tudo e não apenas de uma determinada comunidade religiosa, de que a moral da *décadence*, a vontade para o fim, vale como moral **em si**, é o valor incondicional atribuído em todo o lugar àquilo que é altruísta, e a hostilidade àquilo que é egoísta. Quem está em desacordo comigo acerca desse ponto, esse eu considero **infectado**... Mas o mundo inteiro está em desacordo comigo... Para um fisiólogo, tal antinomia de valores não deixa a menor dúvida. Quando, no interior do organismo, o mais ínfimo dos órgãos deixa de impor por um instante que seja a sua autoconservação, a sua renovação de forças, o seu "egoísmo" com absoluta certeza, o todo degenera. O fisiólogo exige a **extirpação** da parte degenerada, renega qualquer solidariedade com o degenerado, é quem está mais distante de mostrar piedade com ele. Mas o sacerdote **quer** justamente a degeneração do todo, da humanidade: por isso ele **conserva** o degenerado – e a esse preço ele a domina... Que sentido têm aqueles conceitos mentirosos, os conceitos **auxiliares** da moral, da "alma", do "espírito", do "livre-arbítrio", de "Deus", se não o de arruinar fisiologicamente a humanidade?...

Quando se desvia a seriedade da autoconservação, da fortificação do corpo, **quer dizer, da vida**, quando se faz da anemia um ideal, quando se constrói "a salvação da alma" sobre o desprezo ao corpo, o que é isso se não uma **receita** para a *décadence*? – A perda do equilíbrio, a resistência contra os instintos naturais, em uma palavra, a "ausência-de-si" – tudo isso foi chamado de **moral** até agora... Com a "aurora" iniciei, pela vez primeira, a luta contra a moral da renúncia a si mesmo...

1.

"Aurora" é um livro afirmativo, profundo, mas claro e bondoso. O mesmo vale – e no mais alto grau – para a *gaya scienza*: quase em todas as suas frases a profundez e a exuberância andam de mãos dadas. Um poema em agradecimento ao mês de janeiro, o mais maravilhoso que já vivi – o livro inteiro é um presente seu –, revela à suficiência de que funduras a "ciência" se fez **gaia** nesse livro:

Tu, que com o fogo da tua lança
Divides o gelo de minha alma,
Fazendo-a buscar o mar, sem calma,
Em busca de sua maior esperança:
Sempre mais clara, e mais saudável,
Liberta no dever mais amável
Ela preza o teu milagre,
Mais belo entre os janeiros!

O que aqui quer dizer "maior esperança" – quem pode ter dúvidas a respeito depois de ver a beleza diamantina das primeiras palavras de Zaratustra brilhando no final do quarto livro?... Ou de ler as sentenças graníticas no final do terceiro livro, através das quais um destino **para todos os tempos** toma fórmula pela primeira vez?... As **canções do príncipe Livre-como-um-Pássaro**,[60]

60. No original *Lieder des Prinzen Vogelfrei.* Interessante é que "Vogelfrei" – viva a poeticidade da língua alemã – significa fora da lei em alemão. As canções do príncipe constituem uma espécie de adendo à obra *A gaia ciência,* ora discutida. "Ao Mistral", citada a seguir, é a canção que encerra o ciclo e recebe o epíteto de "Uma canção dançante". (N.T.)

em sua maior parte concebidas na Sicília, lembram com muita expressão o conceito provençal da "*gaya scienza*", aquela unidade composta por **trovador, cavaleiro e espírito livre**, através da qual a cultura precoce maravilhosa dos provençais se eleva diante de qualquer cultura ambígua; o último poema, especialmente – **"ao Mistral"** –, uma canção de dança exuberante, em que – peço a permissão! – danço muito além da moral, é um provençalismo perfeito...

Assim falou Zaratustra

Um livro para todos e para ninguém

1.

Eis que conto, a partir de agora, a história do Zaratustra. A concepção fundamental da obra, o **pensamento do eterno retorno**, essa mais alta fórmula da afirmação que um dia pôde ser alcançada – é de agosto do ano de 1881. Ele está atirado sobre uma folha com a assinatura: "6.000 pés além do homem e do tempo". Naquele dia eu atravessei as florestas junto ao lago de Silvaplana; próximo a um bloco poderoso, que se elevava para o alto em forma de pirâmide, não muito longe de Surlei. Foi então que me veio esse pensamento... Se eu volto um par de meses no tempo antes desse dia, eu encontro, como um prenúncio, uma mudança repentina e profundamente decisiva no meu gosto, sobretudo no que diz respeito à música. Talvez a gente tenha de colocar o Zaratustra inteiro na conta da música – por certo era possível **ouvir** um renascimento na arte, uma condição antecipada para que ele acontecesse. Em uma pequena estação de cura, nas montanhas próximas a Vicenza – Recoaro –, na qual passei a primavera do ano de 1881, eu descobri, junto com meu maestro e amigo Peter Gast, também um "renascido", que a fênix música passou voando por nós, vestida de uma penugem mais leve e luminosa do que jamais ela havia mostrado. Se vou adiante no tempo a partir daquele dia e chego ao parto repentino, acontecido sob as circunstâncias menos prováveis, em fevereiro de 1883 – a seção final, a mesma da qual citei um par de frases no **prólogo**, chegou ao termo justo na hora sagrada em que Richard Wagner morreu em Veneza[61] –, e teremos dezoito meses de gravidez. Esse número, exatos dezoito meses, por certo aciona recordações, pelo menos entre os budistas, e faz pensar que no fundo sou uma fêmea de elefante...[62] A "*gaya scienza*" é desse ínterim e dá mil indícios da proximidade de algo incomparável; por fim, ela dá também o princípio do Zaratustra, ela dá o pensamento final de Zaratustra na penúltima peça do quarto livro... Pertence a esse ínterim, do mesmo jeito, aquele **Hino à vida** (para coro misto e orquestra), cuja partitura foi publicada há dois anos por E. W. Fritzsch, em Leipzig: talvez um sintoma de algum significado para a situação desse ano, no qual o *páthos* **afirmativo** *par excellence* – chamado por mim de *páthos* trágico – habitava em mim em seu mais alto grau. No futuro haverão de cantá-lo em minha memória... O texto – quero expressá-lo categoricamente, uma vez que circulam uma série de mal-entendidos a respeito dele – não é meu: ele é fruto da inspiração surpreendente de uma jovem russa, da qual fui amigo na época, a Senhorita Lou von Salomé. Quem é capaz de arrancar algum sentido das últimas palavras do poema haverá de adivinhar por que eu o privilegiei e admirei: elas têm grandeza. A dor **não** serve de objeção contra a

61. Ou seja, às 15h30 da tarde do dia 13 de fevereiro de 1883, se a afirmação de Nietzsche for acatada literalmente. (N.T.)

62. Reza a tradição que, uma noite antes do parto de Buda, sua mãe sonhou que um elefante branco lhe penetrava o ventre. Os brâmanes interpretaram que a criança se tornaria um monarca universal ou um místico de altíssima hierarquia, um buda (o termo já existia e significava "o iluminado" em sânscrito). Mahamaya, a rainha, teve o filho ao ar livre, durante uma visita a seus pais, nas pradarias de Lumbini, depois Rummindei, no Nepal, onde até hoje se ergue um monumento comemorativo. (N.T.)

vida: "Não tens mais ventura de sobra para me dar, vá lá! **ainda tens teu tormento**..." Talvez também a minha música tenha grandeza nessa passagem. (A última nota do oboé é dó sustenido e não dó. Erro de impressão)... No inverno que se seguiu a esses acontecimentos, eu vivi naquela enseada graciosa e calma de Rapallo, próxima a Gênova, que divide Chiavari e o cabo promontório de Porto Fino. A minha saúde não era das melhores; o inverno frio e chuvoso acima das medidas; um pequeno albergue, situado junto ao mar, tão perto que a maré alta tornava o sono impossível à noite, oferecia – quase em tudo – exatamente o contrário daquilo que seria desejável. Apesar disso, e quase provando a minha sentença de que tudo aquilo que é decisivo nasce "apesar de tudo", o meu Zaratustra nasceu sob esse inverno e sob o caráter desfavorável dessas circunstâncias... Pela manhã eu subia em direção ao sul, pela magnífica estrada que leva a Zoagli e dali ao alto, passando por pinheiros e olhando o mar do alto, a distância; à tarde, por tantas vezes quantas a saúde me permitiu, eu circundava a enseada inteira, de Santa Marguerita até chegar em Porto Fino. Esse lugar e essa paisagem tornaram-se ainda mais caros ao meu coração pelo grande amor que o inesquecível imperador alemão Frederico III sentia por eles; no outono de 1886 voltei a estar por acaso nessa encosta, quando ele visitou pela última vez esse pequeno mundo de venturas, esquecido no tempo... Por esses dois caminhos – o da manhã e o da tarde – todo o primeiro Zaratustra veio até mim, e sobretudo o próprio Zaratustra, na condição de tipo: mais corretamente, ele **caiu sobre mim**...

2.

Para compreender esse tipo, tem de se deixar claro, primeiro, seu pressuposto fisiológico: ele é aquilo que eu chamo de **grande saúde**. Eu não sei esclarecer esse conceito melhor, de maneira **mais pessoal**, do que já o fiz anteriormente em um dos parágrafos finais do quinto livro da "gaia ciência". "Nós, os novos, os sem-nome, os difíceis de serem entendidos – é dito lá –, nós, os filhos prematuros de um futuro ainda não demonstrado, temos a necessidade, para um novo objetivo, de um novo meio, quer dizer, de uma nova saúde, uma saúde mais forte mais afinada mais tenaz mais ousada mais divertida do que todas as saúdes conseguiram ser até agora. Aqueles cuja alma tem sede de experimentar toda a extensão dos valores e desideratos e navegar por todas as costas desse "mar inferior" idealista, aqueles que querem saber, das aventuras de suas experiências mais pessoais, como é que um conquistador e descobridor do ideal sente-se, e, da mesma forma, como um artista, um santo, um legislador, um sábio, um erudito, um devoto, um eremita divino do velho estilo sentem-se: eles têm necessidade, antes de tudo, da **grande saúde** – uma saúde que a gente não apenas tem, mas adquire e tem de adquirir constantemente, porque sempre se volta a abandoná-la, sempre tem de se abandoná-la... E agora, depois de termos estado assim por muito tempo a caminho, nós, os argonautas do ideal, mais corajosos do que a prudência recomenda e muitas vezes náufragos e prejudicados, perigosamente saudáveis, sempre saudáveis de novo – quer nos parecer que nós, em pagamento a tudo isso, ainda temos um país a descobrir à nossa frente, cujas fronteiras ninguém jamais marcou, um além de todos os países descobertos até agora e de todos os ângulos do ideal que até agora perduraram, um mundo tão ultrarrico em beleza, em estranheza, em dubiedade, em terribilidade e em coisas divinas, que a nossa curiosidade, bem como a nossa sede de possuir quedam ambas fora de si – oh, nós já não podemos mais ser satisfeitos por nada!... Como nós poderíamos, depois de instantes desses e com tal fome ardente de ciência e consciência, nos deixar satisfazer pelo **homem presente**? É bem ruim, mas ao mesmo tempo inevitável, o fato de termos de contemplar – talvez nem os contemplemos mais – seus objetivos e esperanças mais dignos com uma seriedade mantida em pé aos trancos e barrancos... Um outro ideal corre à nossa frente, um ideal maravilhoso, sedutor e cheio de perigos, para o qual não pretendemos convencer ninguém, porque não concedemos com facilidade a ninguém **o direito a ele**: o ideal de um espírito que brinca de maneira ingênua – quer dizer, de maneira involuntária, e devido a uma completude e um poder transbordantes – com tudo aquilo que até hoje foi considerado santo, bom, intocável, divino; para o qual o mais elevado, aquilo onde o povo estabelece, baratamente, sua medida de valor, não significaria mais do que perigo, ocaso, humilhação ou, pelo menos, recreação, cegueira, esquecimento temporário de si mesmo; o ideal de um bem-estar e de um bem-querer humano-sobre-humano, que por várias vezes haverá de parecer **inumano**, por exemplo, quando se postar ao lado de toda a seriedade terrena existente até hoje, ao lado de todas as solenidades no gesto, nas palavras, no tom, no olhar, na moral e na tarefa, como se fosse sua paródia mais corporal e apesar disso involuntária – e com isso, apesar de tudo isso, talvez se levante pela primeira vez **a grande seriedade**, se estabeleça a verdadeira pergunta, o destino da alma se vire de cabeça para baixo, o ponteiro se mexa, a tragédia **comece**..."[63]

3.

– Alguém tem uma ideia precisa, no final do século XIX, sobre o que os poetas de épocas fortes chamavam de **inspiração**? Se assim não for, eu a descreverei... Com os restos mais ínfimos de superstição dentro de si, de fato qualquer um teria dificuldades em refutar a noção de que é apenas encarnação, apenas porta-voz, apenas *medium* de forças superpoderosas. O conceito da revelação, no sentido de que, de repente, com uma seriedade e uma fineza indizíveis, algo se torna **visível**, audível, algo que é capaz de sacudir e modificar uma pessoa no mais profundo de seu ser, descreve de maneira simples a situação. A gente ouve, a gente não procura; a gente toma, a gente não pergunta quem está dando; como se fosse um raio, um pensamento vem à luz, por necessidade, em uma forma sem hesitações – eu jamais tive uma escolha. Um encantamento, cuja tensão monstruosa se dissolve numa torrente de lágrimas, no qual o passo ora toma de assalto, ora se torna vagaroso, involuntariamente; um estar-fora-de-si completo, com a consciência mais distintiva de um sem-número de tremores e transbordamentos finíssimos, que são sentidos até os dedos dos pés; uma profundidade venturosa, na qual o mais dolorido e o mais sombrio não têm efeito de antítese, mas sim de condição, de desafio, como se fosse uma cor **necessária** no interior de uma tal abundância de luz; um instinto de relações rítmicas, que cobre vastos espaços – a longitude, o desejo de um ritmo **estendido ao longe** é quase a medida para a força

63. As últimas palavras aludem ao tempo faustiano, à ampulheta que passa a funcionar, e o trecho é uma citação de *A gaia ciência*. (N.T.)

da inspiração, uma espécie de equilíbrio contra sua pressão e sua tensão... Tudo acontece, no mais alto grau, de maneira involuntária, mas como se fosse em um temporal de sentimentos de liberdade, de incondicionalidade, de potência, de divindade... A involuntariedade da imagem, da comparação é o aspecto mais singular; não se tem mais ideia; o que é imagem, o que é comparação, tudo se oferece como se fosse a expressão mais próxima, a mais correta, a mais simples. Parece de fato, para recordar uma palavra de Zaratustra, que as coisas se aproximam com vontade própria, se oferecendo a comparações (– "aqui todas as coisas vêm acariciantes em busca do teu discurso e te adulam, pois elas querem cavalgar sobre as tuas costas. Sobre todas as comparações tu cavalgas em direção a todas as verdades; tudo o que é ser quer se tornar palavra, tudo o que é vir a ser quer aprender a falar contigo –").[64] Esta é a **minha** experiência com a inspiração; eu não tenho dúvidas de que é necessário voltar milênios no tempo a fim de encontrar alguém que possa dizer comigo: "Esta também é a minha"...

4.

Fiquei deitado em Gênova, doente, por algumas semanas. Depois disso veio uma primavera taciturna em Roma, onde retomei a vida – não foi fácil. No fundo aborreceu-me, bem acima da medida do suportável, esse lugar, o mais indecente da terra para o poeta do Zaratustra, um lugar que eu não escolhera livremente; eu até tentara me livrar dele – eu quis ir para **Aquila**, o contraconceito de Roma, fundado por hostilidade a Roma, assim como eu um dia haverei de fundar um

64. Citação – levemente alterada – do *Zaratustra,* Parte III, "O regresso". (N.T.)

lugar, a fim de manter viva a lembrança de um ateísta e inimigo da igreja *comme il faut*, um de meus parentes mais próximos, o grande imperador dos Hohenstaufen, Frederico II. Mas havia uma fatalidade a gorar tudo isso: eu tive de voltar. Por fim acabei me satisfazendo com a *piazza* Barberini, depois de meus esforços por uma região **anticristã** terem me esgotado. Receio que um dia, para afastar os maus cheiros da melhor maneira possível de meu caminho, eu tenha perguntado no próprio *palazzo del Quirinale* se não tinham um quarto tranquilo para abrigar um filósofo.... Em uma *loggia*, acima da *piazza* mencionada – da qual se podia abranger com a vista a cidade de Roma inteira e ouvir, lá no fundo, a *fontana* marulhando –, foi escrita aquela canção solitária, a canção mais solitária que jamais foi escrita, a **Canção da noite**; naquela época sempre me rondava uma melodia de tristeza indizível, cujo refrão eu voltei a reencontrar nas palavras "morto de imortalidade..." No verão, retornando ao lar sagrado, onde o primeiro raio do pensamento de Zaratustra havia me iluminado, encontrei o segundo Zaratustra. Dez dias bastaram; em nenhum outro, nem no primeiro, nem no terceiro, nem no último precisei de mais. No inverno seguinte, sob o alciônico céu de Nice, que naquela época brilhou pela primeira vez dentro da minha vida, eu encontrei o terceiro Zaratustra – e estava pronto. Pouco mais de um ano, contada toda a obra. Muitos lugares escondidos e alturas da paisagem de Nice são sagradas para mim devido a seus momentos inesquecíveis; aquela seção decisiva, intitulada "de novas e velhas tábuas", foi composta na subida dificílima da estação ao maravilhoso castelo mouro de Eza – a agilidade dos músculos sempre foi maior em mim quando a força criativa fluía em maior abundância. O **corpo** está animado nessas ocasiões: quanto à "alma", deixemo-la fora da jogada... Eu pude ser visto dançando por várias vezes; naquela época eu podia, sem notar o menor sinal de cansaço, caminhar durante sete ou oito horas pelas montanhas. Eu dormia bem, eu ria muito – eu era de uma robustez e de uma paciência total.

5.

À parte essas obras-de-dez-dias, os anos em que o Zaratustra durou, e sobretudo os que vieram **depois** dele, foram de uma calamidade sem igual. A gente paga caro por ser imortal: morre-se mais de uma vez durante a vida por causa disso... Existe algo que eu chamo de *rancune* do grande: tudo o que é grande, uma obra, uma ação volta-se – assim que está acabada – sem demora **contra** aquele que a executou. Justamente pelo fato de tê-la encaminhado, ele passa a estar **fraco** – ele não suporta mais sua ação, não olha mais para o rosto dela. Deixar **atrás** de si algo que a gente jamais deveria ter desejado, algo em cujo interior se encontra atado o nó do destino da humanidade – e depois passar a senti-lo **sobre** si!... Isso quase esmaga... A *rancune* do grande!... Outra coisa é a calmaria terrível que a gente ouve a sua volta. A solidão tem sete couros: nada mais a atravessa. A gente se aproxima das pessoas, cumprimenta amigos: tudo é ermo, nenhum olhar cumprimenta mais. No melhor dos casos, uma espécie de revolta... Pelo menos uma dessas revoltas eu experimentei, sempre em graus muito diferentes, em quase todos aqueles que estiveram próximos a mim; parece que nada ofende de maneira mais profunda do que deixar que seja percebida, de repente, uma distância – as naturezas **nobres**, que não sabem viver sem venerar, são raras... Um terceiro aspecto é a irritabilidade da pele contra pequenas ferroadas, uma espécie de desamparo ante tudo aquilo que é pequeno. Isso me parece estar condicionado pelo esbanjamento monstruoso de forças defensivas que cada ação **criativa**, cada ação vinda dos lugares mais pessoais, mais interiores, mais profundos tem como pressuposto. As **pequenas** propriedades defensivas são, com isso, logo suspendidas; as forças deixam de abastecê-las... Eu ouso insinuar, inclusive, que a gente digere pior, se move a contragosto e fica demasiado vulnerável às sensações de frio e também à desconfiança – à desconfiança, que na maior parte dos casos é apenas um engano etiológico... Em uma situação dessas eu senti, certa vez, a proximidade de um rebanho de vacas através do retorno de pensamentos mais suaves e mais filantrópicos, antes mesmo de vê-lo: **isso** tem calor dentro de si...

6.

Essa obra ocupa um lugar à parte em minha obra. Deixemos o poeta de lado: talvez, inclusive, jamais tenha sido feito algo a partir de uma tal abundância de forças. Meu conceito "dionisíaco" tornou-se, ali, **mais alta ação**; se comparada a ela, todo o resto do fazer humano parece pobre e limitado. Que até mesmo um Goethe, um Shakespeare não saberiam respirar por um instante sequer nessa altura e nessa paisagem colossal, que Dante, comparado a Zaratustra, é um simples crente e não alguém que **cria** a verdade, um espírito que **governa o mundo**, um destino – que os poetas do Veda são apenas sacerdotes e nem sequer se mostram dignos de atar as sandálias de um Zaratustra... tudo isso é o mínimo e não dá ideia da distância, da solidão **cerúlea** na qual vive essa obra... Zaratustra tem o direito eterno de dizer: "Eu fecho círculos em volta de mim e fronteiras sagradas; é cada vez menor o número dos que sobem comigo a montanhas cada vez mais altas – eu construo uma cadeia de montanhas a partir de montanhas cada vez mais sagradas"[65]. Junte-se o espírito e a bondade de todas as grandes almas em uma só: todas juntas não estariam em condições de proferir um dos discursos de Zaratustra. A escada em que ele sobe e desce é monstruosa; ele viu mais longe, ele quis mais, ele **alcançou** mais do que qualquer outro homem. Ele contraria com cada uma de suas palavras, ele, que é o mais afirmativo dos espíritos; nele todas as oposições foram atadas para alcançar uma nova unidade. As forças mais altas e mais baixas da natureza humana, aquilo que é mais doce, mais leviano e mais terrível jorra de uma só fonte com segurança imortal. Até o instante em que ele apareceu não se sabia o que é altura, o que é profundidade; e muito menos o que é verdade. Não há um instante nessa revelação da verdade que já tenha sido antecipado um dia por qualquer um dos grandes. Não há sabedoria, não há psicologia, não há arte do discurso antes do Zaratustra; o mais próximo, o mais cotidiano fala aqui de coisas inauditas. A sentença treme de paixão; a eloquência torna-se música; raios se antecipam, iluminando futuros jamais adivinhados. A força mais poderosa para a comparação que existiu até hoje é pobre, uma simples brincadeira, diante desse retorno da língua à natureza da imagem... E como Zaratustra desce para dizer a todo mundo aquilo que é mais bondoso! Como ele toca seus oponentes, os sacerdotes, com mãos suaves, e sofre com eles por causa deles!... Aqui o homem é superado a cada instante e o conceito "super-homem" se torna mais alta

65. Citação ao *Zaratustra,* Parte III, "De velhas e novas tábuas". A citação que vem logo a seguir é da mesma parte, mesma seção. (N.T.)

realidade – em uma distância infinita, **abaixo** dele, se encontra tudo aquilo que até hoje foi considerado grande. O caráter alciônico, os pés leves, a onipresença da malícia e da exuberância, e de tudo aquilo que é típico no tipo Zaratustra, jamais foi sonhado sem visar, essencialmente, à grandeza. É justamente nessa extensão de espaço, nessa acessibilidade ao oposto, que Zaratustra se sente **a mais alta espécie de tudo aquilo que é**; e quando se ouve como ele a define, imediatamente se abre mão de procurar uma comparação digna dele.

> – a alma, que tem a escada mais longa e pode ir mais fundo, abaixo,
>
> a alma mais vasta, que pode correr e errar e vaguear mais longe dentro de si,
>
> a mais necessária, que se precipita com prazer no acaso,
>
> a alma que é e busca o vir a ser, a que tem e **quer** o querer e o exigir –
>
> a que foge de si mesma, e alcança a si mesma nos círculos mais distantes,
>
> a alma mais sábia, que fala à estultice da maneira mais doce,
>
> que ama a si mais do que a ninguém, na qual todas as coisas têm sua corrente e sua contracorrente e sua maré alta e sua maré baixa – –

Mas essa é a própria ideia de Dioniso. – E uma outra consideração leva à mesma conclusão. O problema psicológico do tipo Zaratustra é o problema daquele que, em grau inaudito, diz-não, **faz**-não a tudo aquilo que se disse sim até hoje, e apesar disso apenas pode ser a antítese de um espírito que nega; o problema do espírito sobrecarregado com o peso de um destino e com a fatalidade de uma tarefa, mas que apesar disso pode ser o mais leve, o mais desprendido – Zaratustra é um dançarino –; o problema daquele que tem a mais dura, a mais terrível visão da realidade, que teve o "pensamento mais abismal", mas apesar disso não encontra nesse fado qualquer objeção à existência, nem mesmo contra seu eterno retorno – mas vê nele, muito antes, um motivo para **ser, ele mesmo**, o sim eterno a todas as coisas, "o monstruoso e ilimitado dizer-sim e amém"... **Mas isso é a ideia de Dioniso mais uma vez**.

7.

– Qual é a língua que um espírito desses haverá de falar, quando falar consigo mesmo? A língua do **ditirambo**. Eu sou o descobridor do ditirambo. Escutai como Zaratustra fala consigo mesmo **antes de o sol nascer** (III, 18): uma ventura tão esmeráldica, uma suavidade tão divina, nenhuma língua a teve antes de mim. Também a tristeza mais profunda de um Dioniso como esse se torna ditirambo; eu tomo, na condição de sinal, a **canção da noite**,[66] a lamentação imortal de um ser condenado a não amar por causa do excesso de luz e poder, por causa de sua natureza-**ensolarada**.

> É noite: agora falam mais alto todas as fontes cascateantes. E também a minha alma é uma fonte cascateante.
>
> É noite: só agora despertam as canções dos amantes. E também a minha alma é a canção de um amante.
>
> Tenho algo desassossegado, insossegável em mim, que quer se tornar público. Tenho uma cobiça por amor em mim, que fala, ela própria, a língua do amor.

---

66. Título de um "ditirambo" – citado a seguir – do *Zaratustra,* Parte II. (N.T.)

Luz eu sou: ah, se eu fosse noite! Mas esta é a minha solitude, estar cercado de luz.

Ah, se eu fosse escuro e noturno! Como eu gostaria de mamar nos seios da luz!

E vós mesmos eu ainda queria abençoar, vós, pequenas estrelas cadentes e vaga-lumes, lá longe! – e ser feliz por vossos presentes de luz.

Mas eu vivo a minha própria luz, eu sorvo de volta a mim as centelhas que de mim partem.

Eu não conheço a ventura daquele que recebe; e muitas vezes sonhei que roubar pudesse deixar ainda mais feliz do que receber.

Esta é a minha pobreza, que minha mão jamais se cansa de presentear; esta é a minha inveja: ver olhos que esperam e as noites claras da saudade.

Oh, desgraça de todos os que presenteiam! Oh, eclipse do meu sol! Oh, desejo de desejar! Oh, fome canina na saciedade!

Eles tomam de mim: mas será que ainda toco em suas almas? Há um abismo entre dar e receber; e o menor dos abismos é o último a ser sobrepujado.

Uma fome cresce da minha beleza: gostaria de causar dor àqueles que ilumino, gostaria de roubar àqueles que presenteio – sinto fome, pois, de ser mau.

Ir tirando a mão, quando a outra mão já foi estendida; semelhante à cascata que, ao cair, ainda vacila: sinto fome, pois, de ser mau.

Tal vingança é preparada pela minha completude, tal traição brota da minha solitude.

Minha ventura no ato de presentear morreu ao presentear, minha virtude ficou cansada de si mesma por seu excesso!

Quem sempre presenteia corre o risco de perder a vergonha; quem sempre distribui tem as mãos e o coração calosos de tanto distribuir.

Meu olho não transborda mais ante a vergonha dos pedintes; minha mão tornou-se tão dura para o tremor das mãos cheias.

Para onde foi a lágrima do meu olho e a flor do meu coração? Oh, solidão de todos os que presenteiam! Oh, silêncio de todos os que iluminam!

Muitos sóis circulam no espaço ermo: a tudo que é escuro eles falam com sua luz – para mim eles silenciam.

Oh, essa é a hostilidade da luz contra aquilo que ilumina: sem misericórdia ela percorre sua órbita.

Injusto contra tudo o que ilumina, do fundo do coração, frio em relação aos sóis – todo o sol segue sua órbita, portanto.

Semelhantes a uma tempestade, os sóis seguem suas trajetórias, e perseguem seu desejo inexorável; esta é a sua frieza.

Oh, só vós, os escuros, vós, os noturnos, sois quem produzis calor para vós mesmos daquilo que ilumina! Oh, só vós é que bebeis leite e bálsamo das tetas da luz!

Ah, é só gelo à minha volta, minha mão se queima no gelado! Ah, há sede em mim, e ela tem sede das vossas sedes.

É noite: ah, que eu tenha de ser luz! E sede do noturno! E solitude!

É noite: agora minha ânsia jorra como uma fonte de dentro de mim – e tenho ânsia de falar.

É noite: agora falam mais alto todas as fontes cascateantes. E também a minha alma é uma fonte cascateante.

É noite: só agora despertam as canções dos amantes. E também a minha alma é a canção de um amante. –

8.

Coisa semelhante jamais foi escrita, jamais foi sentida, jamais foi **sofrida**: assim sofre um Deus, um Dioniso. A resposta a tal ditirambo da solitude-solar na luz seria Ariadne... Quem sabe, além de mim, o que é Ariadne!... De todos esses enigmas ninguém jamais até hoje tinha a solução, eu duvido que alguém sequer um dia tenha visto, também aqui, a solução... Zaratustra determina uma vez, com dureza, a sua tarefa – e ela também é a minha –, de que a gente não pode se enganar a respeito do **sentido**: ele é **afirmativo** até a justiça, até a salvação, inclusive de tudo aquilo que passou.

> Eu, andarilho entre homens como entre fragmentos do futuro: daquele futuro que eu contemplo.
>
> E isso é todo o meu pensamento e todo o meu interesse, que eu junte e una em um tudo aquilo que é fragmento e enigma e acaso terrível.
>
> E como eu suportaria ser homem, se o homem não fosse também poeta e adivinhão de enigmas e redentor do destino?
>
> **Redimir o passado** e transformar tudo aquilo que "era uma vez" em "era assim que eu o queria!" – apenas isso seria redenção para mim.[67]

Em outra passagem ele determina, de modo tão duro quanto possível, o que, apenas, pode ser para ele "o homem" – **nenhum** objeto do amor ou até mesmo da compaixão –; Zaratustra também foi capaz de se tornar senhor sobre seu **grande asco** ao homem: o homem é para ele uma pré-forma, uma matéria, uma pedra feia que precisa do escultor.

---

67. Citação do *Zaratustra,* Parte II. O mesmo é o caso da citação que vem a seguir – também destacada. (N.T.)

Não mais-**querer** e não mais-**valorizar** e não mais-**criar:** oh, que esse grande cansaço tenha de ficar para sempre longe de mim!

Também no ato de conhecer eu sinto apenas a vontade de testemunhar, a vontade de ser do meu querer; e se há inocência no meu conhecimento, isso acontece porque há nele **vontade para a procriação**.

Essa vontade me atraiu para longe de Deus e dos deuses: o que poderia ser criado, se os deuses estivessem aqui?

Mas para o homem ela sempre volta a me tanger de novo, a minha ardente vontade de criar; é assim que o martelo é tangido à pedra.

Ah, vós, os homens, para mim uma imagem dorme na pedra, a imagem das imagens! Ah, que ela tenha de dormir na pedra mais dura, na pedra mais feia!

Eis, pois, que meu martelo dá golpes terríveis contra sua prisão. Da pedra saltam fragmentos: que me importa?

Quero completá-lo, pois uma sombra veio até mim – a mais calma e leve de todas as coisas um dia veio até mim!

A beleza do super-homem veio até mim na condição de sombra: que me importam – depois disso – os deuses!...

Eu levanto ainda um último ponto de vista: o verso destacado concede o ensejo para tanto. Para uma tarefa **dionisíaca** é preciso ter a dureza do martelo, **a vontade em si de aniquilar** de um modo decisivo faz parte dos pressupostos. O imperativo “sede duros!”, a certeza mais íntima de que **todos os criadores são duros** é a verdadeira insígnia de uma natureza dionisíaca...

Prelúdio a uma filosofia do futuro

1.

A tarefa para os anos seguintes estava traçada de maneira tão rigorosa quanto possível. Depois que a parte afirmativa da minha tarefa estava encaminhada, chegou a vez da metade negativa, da que **não faz**: a transvaloração de todos os valores existentes até agora, a grande guerra – a invocação de um dia da decisão. E nisso está incluída a busca vagarosa de aparentados, de pessoas que poderiam me oferecer sua mão forte na **obra da destruição**. – De então em diante todas as minhas obras são anzóis: talvez eu me entenda como sendo alguém a pescar?... Quando não foi possível **fisgar** nada, a culpa não foi minha. **Não havia peixes**...

2.

Esse livro (1886) é, em tudo que ele tem de essencial, uma **crítica da modernidade**, incluídas as ciências modernas, as artes modernas e até mesmo a política moderna; ao lado da indicação de um tipo-antítese, que é tão pouco moderno quanto possível, um tipo nobre, um tipo afirmativo. No último dos sentidos, o livro é uma **escola do *gentilhomme***, tomando-se o conceito de maneira mais espiritual **e mais radical** do que jamais foi admitido. A gente tem de ter coragem no corpo até para conseguir suportá-lo, não se pode ter aprendido o medo... Todas as coisas das quais a época se orgulha são sentidas como objeção a esse tipo, quase como se fossem maus modos; a famosa "objetividade", por exemplo, a "compaixão por tudo o que sofre", o "sentido histórico" com sua sujeição ante o gosto estranho, com sua prostração ante *petits faits*, a "cientificidade". – Se for considerado que o livro surgiu **depois** do Zaratustra, talvez também se adivinhe o *régime* dietético ao qual ele deve sua origem. O olho, acostumado a olhar **longe** devido a uma compulsão tremenda – Zaratustra vê ainda mais longe do que o czar[68] –, é obrigado aqui a fechar o foco sobre aquilo que está mais próximo, o tempo, o **ao-redor-de-nós**. Achar-se-á, em todos os aspectos do livro, e sobretudo também na forma, a mesma renúncia **voluntária** aos instintos, a partir dos quais um Zaratustra se tornou possível. O refinamento da forma, da intenção, da arte do **silêncio**, está em primeiro plano, a psicologia é dominada com uma dureza e uma crueldade confessadas – o livro prescinde de toda e qualquer palavra bondosa... Tudo isso restabelece: quem é capaz de adivinhar, ao fim das contas, **que tipo** de restabelecimento é necessário a um tal esbanjamento de bondade, como é o Zaratustra?... Dito teologicamente – escutai, pois são raras as vezes em que falo como teólogo –, foi o próprio Deus que ao fim de sua obra se disfarçou de serpente indo se deitar sob a árvore do conhecimento: assim ele se restabeleceu do fato de ser Deus... Ele havia feito tudo demasiado belo... O diabo é apenas a ociosidade de Deus a cada sétimo dia...

---

68. A ironia da última afirmativa é inclusive fônica: o começo vocálico da palavra Zaratustra é igual ao da palavra *Czar,* em alemão. Pronuncia-se *Tsaratustra* e *Tsar.* (N.T.)

A GENEALOGIA DA MORAL

Um escrito polêmico

1.

As três dissertações que compõem essa genealogia são, talvez, no que diz respeito à expressão, intenção e arte de surpreender, a coisa mais sinistra que já foi escrita até hoje. Dioniso é, a gente o sabe, também o deus das trevas... A cada vez, um princípio **calculado** para desorientar, frio, científico, até mesmo irônico, intencionalmente em primeiro plano, intencionalmente demorado. Aos poucos, mais intranquilidade; raios esparsos; verdades assaz desagradáveis vindas da distância e cada vez mais altas em seu ribombar surdo – até que enfim se alcançou um *tempo feroce,* onde tudo impulsiona adiante com uma tensão colossal. No final de cada vez, sob detonações totalmente assustadoras, uma **nova** verdade se torna visível entre as nuvens pesadas... A verdade da **primeira** dissertação é a psicologia do cristianismo: o nascimento do cristianismo a partir do espírito do ressentimento, **não**, conforme se acredita, apenas do "espírito" – um contramovimento essencial, a grande revolta contra o reinado de valores **nobres**. A **segunda** dissertação traz a psicologia da **consciência**: **a** mesma **não** é, conforme se acredita, "a voz de Deus no interior do homem" – ela é o instinto da crueldade, que se volta para trás, e para dentro, depois de ver que não pode mais se descarregar para fora. A crueldade, na condição de um dos mais velhos e intransitáveis substratos culturais, é trazida à luz pela primeira vez. A **terceira** dissertação traz a resposta para a pergunta sobre a origem do **poder** monstruoso do ideal ascético, do ideal dos sacerdotes, ainda que o mesmo seja o ideal **nefasto** *par excellence*, uma vontade para o fim, um ideal da *décadence*. Resposta: **não** porque Deus é ativo na retaguarda dos sacerdotes, conforme sei que se acredita, mas *faute de mieux* – porque ele foi o único ideal até hoje, porque ele não teve concorrentes. "Pois o homem ainda prefere querer o nada a **não** querer"[69]... E, sobretudo, faltava um **contraideal – até vir o Zaratustra**... Eu fui compreendido. Três pré-trabalhos decisivos para uma transvaloração de todos os valores... Esse livro contém a primeira psicologia do sacerdote.

69. Extraído da terceira dissertação d'*A genealogia da moral*. (N.T.)

Crepúsculo dos ídolos

Como se filosofa com o martelo

1.

Essa obra de menos de cento e cinquenta páginas, serena e funesta no tom, um demônio que ri – a obra de tão poucos dias, que eu sou tomado por um certo recato ao revelar seu número, é a suprema exceção entre os livros: não há nada mais substancioso, mais independente, mais subversivo – mais mau. Se alguém quiser ter uma ideia a respeito, de maneira mui breve, como tudo estava de ponta-cabeça antes de mim, comece por essa obra. Aquilo que chamo de **ídolos** no título é, simplesmente, tudo aquilo que foi chamado de verdade até hoje. **Crepúsculo dos ídolos** – em alemão: a velha verdade chegou ao fim.

2.

Não existe realidade, não existe "idealidade" que não seja tocada nessa obra (– tocada: que eufemismo cauteloso!...). Não apenas os ídolos **eternos,** também os mais jovens, os mais inexperientes. As "ideias modernas", por exemplo. Um vento grandioso sopra entre as árvores e por todos os lugares caem frutas – verdades. Há nele o esbanjamento de um outono demasiado rico: a gente tropeça em verdades, algumas delas a gente chega a matar pisoteadas – elas são excessivas... Mas aquilo que a gente toma nas mãos, já não tem mais nada de duvidoso – são decisões. Só eu é que alcancei ter o parâmetro para a "verdade" nas mãos, só eu é que **posso** decidir. Como se em mim tivesse crescido uma **segunda consciência**, como se em mim "a vontade" tivesse acendido uma luz sobre a pista **torta**, sobre a qual o parâmetro até hoje apenas corria abaixo... A pista **torta** – ela era chamada de caminho para a "verdade"... É chegado o fim para todos os "impulsos sombrios", o homem **bom** era justamente aquele que menos tinha certeza a respeito de qual era o caminho correto...[70] E, falando sério, ninguém sabia antes de mim o caminho correto, o caminho que leva **acima**: só a partir de mim é que se pode voltar a ter esperanças, tarefas, caminhos a prescrever para a cultura – **e eu sou aquele que traz a boa nova**... E justamente por isso sou também um destino... –

3.

Imediatamente após o término da obra que acabei de mencionar, e sem perder um dia sequer, tomei nas mãos a tarefa monstruosa da **transvaloração**, com uma sensação soberana de orgulho – à qual nada pode ser igualado – de estar gravando cada momento de minha imortalidade, sinal por sinal, com a certeza de um destino, sobre quadros de bronze. O prefácio veio à luz no dia 3 de setembro de 1888: quando, pela manhã, depois da escritura do texto, fui ao ar livre, encontrei à minha volta o mais belo dos dias que Alta Engadina jamais havia me oferecido – transparente, ardente, contendo em si todas as oposições, todos os tons médios entre gelo e Sul... Só no dia 20 de setembro eu deixei Sils-Maria, retido por inundações, de longe o único hóspede desse lugar maravilhoso, ao qual minha gratidão quer

70. Alusão aos versos do Prólogo de *Fausto* de Goethe que rezam: "Um homem bom, em seus impulsos sombrios/ Por certo sabe o caminho correto". (N.T.)

presentear dando-lhe um nome eterno. Depois de uma viagem cheia de incidentes, em que inclusive corri perigo de vida na inundação de Como, cidade que fui alcançar apenas à noite, cheguei na tarde do dia 21 de setembro a Turim, meu lugar **provado**, minha residência de então em diante. Voltei para a mesma moradia em que havia ficado na primavera, via Carlo Alberto 6, III, em frente ao poderoso *palazzo* Carignano, no qual nasceu Vittore Emanuele, com vista para a *piazza* Carlo Alberto e, acima dela, para as cadeias montanhosas. Sem hesitar e sem me deixar distrair por um instante que fosse, voltei ao trabalho: faltava apenas o último quarto da obra a escrever.[71] No dia 30 de setembro, a grande vitória: o fim da transvaloração; um Deus curtia seu ócio ao longo do Pó. Ainda no mesmo dia escrevi o **prefácio** ao "crepúsculo dos ídolos", cuja correção das provas havia sido meu recreio no mês de setembro... Eu jamais vivi um outono assim e também jamais havia julgado ser possível sobre a terra uma coisa do tipo – um Claude Lorrain pensado ao infinito, cada dia a mesma perfeição indomável...

71. Entre o dia 3 e o dia 30 de setembro – a "tarefa monstruosa da transvaloração", Eric Podach, editor tardio do legado de Nietzsche, assegura que as datas referidas pelo filósofo são fantasiosas –, Nietzsche escreveu *O Anticristo,* que estava destinado a ser uma das partes da *Transvaloração de todos os valores,* obra que o autor abandonaria em seguida por causa da moléstia. Nietzsche planejava a edição simultânea da *Transvaloração de todos os valores* em várias línguas e inclusive fizera os contatos com os tradutores (Jean Bourdeau, redator do *Journal des Débats,* para o francês; Helen Zimmern, tradutora de Schopenhauer, para o inglês etc.). Com isso e com crítica radical ao cristianismo proposta pela obra, o filósofo queria alcançar a queda abrupta de todas as instituições em vigor, provocando uma revolução geral. (N.T.)

O caso Wagner[72]

Um problema para músicos

1.

Para ser imparcial com essa obra, tem de se sofrer pelo destino da música assim como se sofre por uma ferida aberta. **Por que** eu sofro quando eu sofro com o destino da música? Porque a música foi amputada de seu caráter afirmativo e esclarecedor do mundo – porque ela é a música da *décadence* e não mais a flauta de Dioniso. Supondo, portanto, que se sinta as coisas da música como suas **próprias** coisas, como sua **própria** história de sofrimentos, haver-se-á de ter respeito por essa obra e achá-la suave acima das medidas. Permanecer sereno em tais casos, e ainda ridicularizar a si mesmo com bondade – *ridendo dicere severum,* onde o *verum dicere* justificaria qualquer dureza – é a própria humanidade. Quem tem dúvidas de que eu, na condição de artilheiro – que eu sou[73] –, tenho em mãos a possibilidade de voltar contra Wagner minha munição **pesada**?... Tudo o que era decisivo nessa batalha eu retive comigo – eu um dia amei Wagner... No fim das contas essa obra é um ataque contra um "desconhecido" mais sutil, que não é fácil de ser adivinhado por alguém outro, que faz parte dos objetivos e caminhos da minha tarefa – oh, eu tenho "desconhecidos" bem diferentes a revelar do que um

72. Ainda que venha depois de *Crepúsculo dos ídolos* na ordem do *Ecce homo,* foi escrito antes. (N.T.)

73. Nietzsche fala, aqui, de sua posição de atacante na filosofia, mas se refere, ao mesmo tempo, ao serviço militar de um ano, prestado entre os anos de 1867 e 1868. (N.T.)

Cagliostro da música –, e mais ainda um ataque àqueles que se mostram cada vez mais preguiçosos e pobres de instinto no que tange às coisas espirituais, à cada vez mais **honesta** nação alemã, que prossegue seu caminho com um apetite digno de inveja, se alimentando das oposições e devorando sem o menor constrangimento digestivo tanto "a crença" quanto a cientificidade, tanto o "amor cristão" quanto o antissemitismo, tanto a vontade para o poder (para o "império") quanto o *évangile des humbles*. Essa carência de partido entre oposições! essa neutralidade estomacal e essa "ausência-de-si"! Esse sentido imparcial do **paladar** alemão, que a tudo concede direitos iguais – que a tudo acha saboroso... Sem a menor dúvida, os alemães são idealistas... Na última vez em que visitei a Alemanha, encontrei o gosto alemão ocupado em conceder a Wagner e ao trompetista de Säckingen[74] os mesmos direitos; eu mesmo fui testemunha **pessoal** de como em Leipzig, em honra de um dos músicos mais genuínos e mais alemães – no velho sentido da palavra alemão e não apenas no sentido imperial-alemão de hoje em dia –, o mestre **Heinrich Schütz**, foi fundado um Clube Liszt, destinado à conservação e divulgação da música **listada**[75] pela manha da igreja... Sem a menor dúvida, os alemães são idealistas...

---

74. Poema de Joseph Viktor von Scheffel (1853), que alcançou grande popularidade na Alemanha; Nietzsche pode estar se referindo também à ópera de Victor Nessler baseada no poema e estreada em 1884 também com grande sucesso. (N.T.)

75. Aqui se perde a amplitude da ironia do original. Nietzsche diz: "destinado à conservação e divulgação *listiger Kirchenmusik*". *Listig* refere-se diretamente ao compositor Liszt (mais no GLOSSÁRIO), claro, mas também significa "astuto, manhoso, matreiro". (N.T.)

2.

Mas aqui nada deve perturbar minha intenção de ser rude e de dizer algumas verdades aos alemães: **se não o farei, quem o fará**?... Eu falo de sua indecência *in historicis*. Não apenas que o **olhar amplo** para o caminho, para os valores da cultura fugiu completamente às mãos dos historiadores alemães, que todos eles são bufões da política (ou da igreja...): esse olhar amplo inclusive foi **mandado ao exílio** por eles. Primeiro alguém tem de ser "alemão", ter "raça", para aí poder decidir *in historicis* a respeito de todos os valores e desvalores – a gente os determina... "Alemão" é um argumento, "Alemanha, Alemanha sobre tudo"[76] um princípio, os germanos são a "ordem mundial da decência" na história; em relação ao *imperium romanum*, os detentores da liberdade, em relação ao século XVIII, os restabelecedores da moral, do "imperativo categórico"... Existe uma historiografia imperial-alemã, existe – eu temo – até mesmo uma historiografia antissemita – existe uma historiografia **cortesã**, e o senhor von Treitschke não tem a menor vergonha dela... Há pouco tempo um julgamento idiota *in historicis,* uma sentença do afortunadamente já saudoso esteticista suábio Vischer, circulou por todos os jornais alemães como se fosse uma "verdade" para a qual todos os alemães **tinham de dizer sim**: "A renascença e **também** a reforma, apenas os dois juntos, constituem um inteiro – o renascimento estético e **também** o renascimento ético." ... Em face a tais frases minha paciência chega ao fim e eu sinto

76. Título e início da primeira – e também da quarta – estrofe do hino alemão, também conhecido como *Das Lied der Deutschen* (A canção dos alemães). Devido à sua carga nacionalista e negativamente patriótica, essa primeira estrofe não é mais cantada nos dias de hoje. O atual hino alemão corresponde à terceira estrofe do poema, escrito por Hoffmann von Fallersleben – em 1841 – e musicado por Haydn. (N.T.)

vontade, eu sinto até mesmo a obrigação de dizer aos alemães, de uma vez por todas, **do que** eles são culpados. **Todos os crimes culturais de quatro séculos pesam na consciência dos alemães**!... E sempre por causa do mesmo motivo, por causa da sua **covardia** inerente ante a realidade, que é também a covardia ante a verdade, por causa da inverdade que se tornou instintiva neles, por causa do "idealismo"... Os alemães arrancaram da Europa as conquistas e o sentido da última **grande** época, a época da renascença, num momento em que uma hierarquia mais elevada dos valores, em que os valores nobres, afirmativos em relação à vida, garantidores do futuro, haviam tomado o lugar dos valores contrários a eles, dos **valores do ocaso**, alcançando a vitória – **chegando a penetrar o instinto dos que lá estavam assentados**! Lutero, essa fatalidade de monge, restabeleceu a igreja e, o que é mil vezes pior, o cristianismo inteiro, exatamente no instante **em que ele havia sucumbido**... O cristianismo, essa **negação da vontade para a vida** feita religião!... Lutero, um monge impossível que, por causa da sua "impossibilidade", atacou a igreja e – consequentemente! – a restabeleceu... Os católicos teriam motivos para fazerem festas em homenagem a Lutero, escreverem poemas em louvor a Lutero – Lutero... e o "renascimento ético"! Para o diabo com toda a psicologia!, é a ordem deles... Sem a menor dúvida, os alemães são idealistas... Os alemães souberam muito bem achar desvios para o velho "ideal", reconciliações entre verdade e "ideal", em última instância fórmulas para um direito à negação da ciência, para um direito à **mentira**... E por duas vezes, justo quando havia sido alcançada, através de uma bravura monstruosa e de uma superação de si mesmo jamais vista, uma maneira de pensar íntegra, nem um pouco ambígua e completamente científica. Leibniz e Kant – esses dois travões maiores da integridade intelectual da Europa!... Por fim, quando sobre a ponte entre dois séculos de *décadence* ficou visível uma *force majeure* de gênio e de vontade, forte o suficiente para fazer da Europa uma unidade, uma unidade política **e econômica**, capaz de objetivar o governo da terra, os alemães mais uma vez confundiram a Europa com suas "guerras de libertação", acabando com o milagre da existência de Napoleão – e por causa disso eles são culpados de tudo aquilo que veio, que hoje está aí, essa enfermidade e essa irracionalidade **anticulturais**, o nacionalismo, essa ***névrose nationale***, sob a qual a Europa padece, essa eternalização dos Estadinhos europeus, da política **caseira**: eles despojaram a Europa de seu próprio sentido, de sua **razão** – eles a conduziram a um beco sem saída... E por acaso alguém, a não ser eu, sabe um **caminho** para fugir a esse beco sem saída?... Uma tarefa grande o bastante para voltar a **unir** os povos?...

3.

– E, por último, por que eu não haveria de dar palavras à minha suspeita? Também no meu caso os alemães voltarão a tentar tudo a fim de fazer com que de um destino colossal nasça um camundongo. Até agora eles estiveram em má situação comigo, duvido que no futuro farão melhor... Ah, quanto não me custa ser um **mau** profeta nesse caso!... Meus leitores e ouvintes naturais já hoje são russos, escandinavos e franceses – será que eles sempre o serão, será que aumentarão?... Os alemães estão inscritos na história do conhecimento apenas com nomes duvidosos, eles apenas produziram moedeiros falsos "inconscientes" (Fichte, Schelling, Schopenhauer, Hegel, Schleiermacher, todos eles simples "fazedores de véu" como Schleiermacher,[77] assim como Kant e Leibniz): eles jamais devem merecer a honra de ver que o primeiro espírito **íntegro** na história do espírito, o espírito no qual a verdade sobre a falsificação praticada durante quatro séculos é levada ao tribunal, é relacionado como parte do espírito alemão. O "espírito alemão" é **meu** ar nefasto: eu respiro com dificuldade *in psychologicis* quando estou próximo dessa sujeira feita instinto, revelada por qualquer palavra, qualquer careta vinda de um alemão. Eles jamais passaram por um século XVII, de dura autoprovação, como os franceses; um La Rochefoucauld, um Descartes são cem vezes superiores ao primeiro dentre os alemães no que diz respeito à integridade – eles até hoje não tiveram nenhum psicólogo.[78] Mas psicologia é quase o parâmetro da **pureza** ou da **impureza** de uma raça... E quando não se é nem puro, como é que se poderia alcançar a **profundidade**? No alemão, quase como na mulher, a gente nunca consegue chegar ao fundamento, **ele não tem fundamento**: isso é tudo. Mas com isso a gente sequer é superficial... Aquilo que na Alemanha é chamado de "profundo" é justamente essa sujeira instintiva contra

---

77. Nietzsche faz um trocadilho entre Schleiermacher, o filósofo, e o significado de seu nome: "fazedor de véu". E diz, portanto, que tanto Schleiermacher quanto Kant, Leibniz e os anteriores são, todos eles, simples Schleiermacher; fazedores de véus (que encobrem a realidade). (N.T.)

78. Em afirmações como essa – viva a crítica! – fica patente a unilateralidade do juízo nietzschiano. Vá lá, a crítica ao "idealismo" é maravilhosa, mas Lichtenberg, por exemplo, é um dos "psicólogos" – no sentido que Nietzsche concede à palavra – mais interessantes do mundo. E ele viveu no século XVIII, e é superior – em todos os sentidos – ao citado La Rochefoucauld. Menos mal que em trechos que acabaram não fazendo parte da versão final do *Ecce homo* (ver ADENDO), Nietzsche reconhece o imenso valor de Lichtenberg, por exemplo. (N.T.)

si mesmo, da qual eu acabei de falar: ninguém **quer** ter clareza a respeito de si mesmo. Será que eu não poderia sugerir a palavra "alemão" como moeda internacional para **essa** deterioração psicológica?... Nesse instante, por exemplo, o kaiser alemão chama de "sua obrigação cristã" a libertação dos escravos na África: entre nós, **outros** europeus, isso passaria a ser chamado, depois da minha proposta, simplesmente de "alemão"... Os alemães foram capazes de trazer ao mundo um só livro que tivesse profundidade? Até mesmo o conceito para o que é a profundidade de um livro foge a seu alcance. Eu conheci eruditos que consideram Kant profundo; na corte prussiana, temo que se considere o senhor von Treitschke profundo. E se de quando em quando louvo Stendhal como psicólogo profundo, cheguei a encontrar professores universitários alemães que pediram para que eu soletrasse seu nome...

4.

– E por que eu não haveria de ir até o fim? Eu gosto de pôr as coisas em pratos limpos. Inclusive faz parte da minha ambição ser considerado o contemptor dos alemães *par excellence.* Minha **desconfiança** contra o caráter alemão eu já a expressei com vinte e seis anos (terceira extemporânea, p. 71) – os alemães são impossíveis para mim. Quando imagino uma espécie de homem que se oponha a todos os meus instintos, acaba sempre surgindo um alemão. A primeira coisa em que "peso o coração" de um homem é no fato de ver se ele tem ou não sensibilidade para a distância no corpo, se ele é capaz de ver posição, grau, ordem entre homem e homem, se ele é capaz de **distinguir**: com isso, se é um *gentilhomme;* em todos os outros casos se está, sem a menor salvação, entre os "grandes de coração", oh, esse conceito tão bondoso da *canaille* – ah, eles são todos tão bondosos... A gente se apequena ao se relacionar com alemães: o alemão **igualiza tudo**... Se eu descontar minha relação com alguns artistas, sobretudo com Richard Wagner, eu chegarei à conclusão de que não vivi sequer uma hora boa com alemães... Supondo que o mais profundo dos espíritos, em todos os séculos dos séculos, tivesse surgido entre os alemães... e um salvador do Capitólio[79] qualquer haveria de dizer que sua alma desprovida de beleza também seria pelo menos igualmente tão digna de merecer essa glória... Eu não suporto essa raça, com a qual a gente sempre está em má companhia, que não tem mão para as nuances – ai de mim! eu sou uma nuance —, que não tem *esprit* nos pés e nem sequer sabe caminhar... Ao fim das contas os alemães nem têm pés, mas apenas pernas... Os alemães não têm a menor ideia de como eles são vulgares, mas esse é o superlativo da vulgaridade – eles nem sequer se **envergonham** de ser apenas alemães... Eles sabem falar a respeito de tudo, eles se consideram decisivos e eu temo que já tenham se decidido inclusive a respeito de mim... Minha vida inteira é a prova *de rigueur* para essas sentenças. É em vão que procuro neles por um sinal de tato, de *délicatesse* para comigo. De judeus sim, mas jamais de alemães. Meu modo de ser quer que eu seja suave e benfazejo em relação a todo mundo – eu tenho o **direito** de não fazer diferenças... e isso me atrapalha; o fato de ter os olhos abertos. Eu não faço nenhuma exceção, muito menos a meus amigos – e por fim tenho a esperança de que isso não tenha causado uma ruptura na minha humanidade em relação a eles! Há cinco ou seis coisas às quais eu sempre

79. Ou seja, um ganso qualquer. (N.T.)

considerei uma questão de honra... Mesmo assim permanece sendo verdadeiro o fato dc que sinto quase todas as cartas que há anos me alcançam como um cinismo: há mais cinismo na benevolência para comigo do que no ódio de qualquer tipo... Eu digo na cara de todos os meus amigos que eles jamais consideraram valer a pena **estudar** qualquer uma de minhas obras; eu adivinho, a partir do mais ínfimo dos sinais, que eles sequer sabem do que elas tratam. Até mesmo no que diz respeito ao meu Zaratustra, qual dos meus amigos teria visto nele mais do que uma presunção ilícita que por sorte os deixa completamente indiferentes?... Dez anos: e ninguém na Alemanha sentiu peso na consciência pelo fato de não defender meu nome contra o silêncio absurdo em que jaz enterrado: foi um estrangeiro, um dinamarquês, o primeiro a mostrar suficiente perspicácia de instinto **e coragem** para se indignar contra aqueles que se dizem meus amigos... Em que universidade alemã seriam possíveis seminários acerca da minha filosofia, assim como aquele que o – com isso mais uma vez provado – psicólogo Dr. Georg Brandes deu em Copenhage?... Eu mesmo jamais sofri por causa disso; o **necessário** não me machuca; *amor fati* é a minha natureza mais interior. Mas isso não exclui o fato de eu amar a ironia, inclusive a ironia histórico-universal. E assim mandei ao mundo, mais ou menos dois anos antes do raio fulminante da **transvaloração**, que haverá de pôr o mundo em convulsão, o "caso Wagner": os alemães tinham de ser condenados a se enganar e a se **eternizar** em mim, para sempre, mais uma vez! ainda há tempo para isso!... E isso foi alcançado? – De um modo encantador, meus senhores germanos! Eu vos faço um cumprimento... Há bem pouco, a fim de que também não faltem os amigos, me escreveu uma velha amiga dizendo que agora ela **ri** de mim...[80] E isso em um momento em que uma responsabilidade indizível pesa sobre mim – um momento em que cada palavra não pode ser suave o suficiente, cada olhar não pode ser reverente o bastante em relação a mim. Pois eu trago o destino da humanidade sobre os ombros...

80. Referência a Malwida von Meysenburg, amiga de Nietzsche. Em carta a Cosima Wagner, o filósofo menciona uma sátira à moça, que faria parte do *Ecce homo,* mas que jamais foi encontrada. Na carta, Nietzsche a chama de Kundry – referindo a personagem do *Parsifal* – uma vez que ela, assim como a personagem, "riu no momento em que o mundo balançava". Para Erich Podach, a ausência dessa sátira é a prova mais cabal de que algumas das passagens do *Ecce homo* foram sumariamente eliminadas, seja por Peter Gast, seja pela irmã de Nietzsche, Elisabeth. (N.T.)

1.

Eu conheço meu fado. Um dia haverão de unir ao meu nome a lembrança de algo monstruoso – uma crise como jamais houve outra na Terra, na mais profunda colisão de consciência, em uma decisão evocada **contra** tudo aquilo que até então havia sido acreditado, reivindicado, santificado... Eu não sou homem, eu sou dinamite.[81] – E com tudo isso não há nada em mim que me torne o fundador de uma religião; religiões são negócios do populacho, e eu sempre tive a necessidade de lavar minhas mãos ao entrar em contato com pessoas religiosas... Eu **não** quero "crentes", eu penso que eu mesmo sou demasiado mau para acreditar em mim mesmo; no mais, jamais invoquei as massas... Eu tenho um medo terrível de um dia ser declarado **santo**: e até por isso hão de adivinhar por que escrevi esse livro **antes**; ele foi feito para evitar que se cometam disparates em relação a mim. Eu não quero ser um santo, eu prefiro ser um maganão... Talvez eu seja um maganão... E apesar disso ou, muito antes, **não** apesar disso – pois até hoje não houve nada mais mentiroso do que os santos –, a verdade fala através de mim... Mas a minha verdade é **terrível**: pois até hoje a **mentira** é que foi chamada de verdade... **Transvaloração de todos os valores**: esta é a minha fórmula para um ato supremo da autoconscientização da humanidade, que se tornou gênio e carne dentro de mim. Meu fado quer que eu seja

81. Em carta a seu editor, C. G. Naumann, Nietzsche chama o próprio *Ecce homo* de "mais alto superlativo da dinamite" e diz que a obra vai tão além do conceito "Literatura", que nem mesmo na natureza ele poderia encontrar uma comparação digna dela. (N.T.)

o primeiro homem **decente**, que eu me saiba a antítese contra a mentira de milênios... Só eu é que **descobri** a verdade, pelo fato de eu ter sido o primeiro a sentir – **a farejar** – que a mentira era mentira... Meu gênio está em minhas narinas... Eu contradigo conforme jamais foi contradito e ainda assim sou a antítese de um espírito negador. Eu sou um **mensageiro alegre**, conforme jamais existiu outro, eu conheço tarefas de uma altura para a qual inclusive faltou um conceito até agora; só a partir de mim é que voltaram a existir esperanças... E com tudo isso sou também, necessariamente, o homem da fatalidade. Pois se a verdade entra em luta com a mentira de milênios, haveremos de ter abalos tremendos, uma convulsão de terremotos, uma transposição de montanhas e vales, conforme jamais sequer foi sonhada. O conceito política, então, estará completamente envolvido em uma guerra de espíritos, todas as imagens de poder da velha sociedade explodirão ao ar – todas elas descansam sobre a mentira: haverá guerras conforme jamais as houve sobre a terra. Só a partir de mim é que há na terra **grande política**[82]...

2.

E se a gente quiser uma fórmula para um tal destino, **que se torna homem**? – Ela se encontra no meu Zaratustra.

> – e quem quiser ser um criador, no bem e no mal, tem de ser, antes de tudo, um destruidor e arrebentar valores.

82. Com esse conceito Nietzsche chama a atenção para a "guerra espiritual", o conflito final e decisivo, que dessa vez não ocorrerá entre povos, Estados ou religiões, mas sim entre as naturezas fracas e *décadents,* de um lado, e as naturezas fortes, as vidas-que-deram-certo, de outro. E preparar essa "grande política" era a tarefa do *Ecce homo.* (N.T.)

Assim, pois, o mal maior é próprio do maior bem:
este, porém, é o criador.[83]

Eu sou, de longe, o homem mais terrível que existiu até hoje; isso não exclui o fato de que eu venha a ser o mais benéfico. Eu conheço o prazer de **aniquilar** em um grau que corresponde à minha **força** para a aniquilação – e em ambos os casos eu obedeço à minha natureza dionisíaca, que não sabe separar o "fazer-não" do "dizer-sim". Eu sou o primeiro **imoralista**: e com isso sou o **aniquilador** *par excellence.*

3.

Não me perguntaram, deveriam ter me perguntado, o que justamente em minha boca, na boca do primeiro imoralista, significa o nome **Zaratustra**, pois o que constitui a monstruosa singularidade deste persa na história é precisamente o contrário disso. Zaratustra foi o primeiro a ver na luta entre o bem e o mal a verdadeira roda motriz na engrenagem das coisas – a transposição da moral para o metafísico, na condição de força, causa e objetivo em si é obra **sua**. Mas esta pergunta já seria, no fundo, a resposta. Zaratustra **criou** esse mais fatal dos erros, a moral: por consequência, ele também tem de ser o primeiro a **reconhecê-lo**. Não apenas que ele tenha neste ponto uma experiência maior e mais longa do que qualquer outro pensador – pois a história inteira já é a refutação experimental da sentença, da sentença da assim chamada "ordem moral universal" –: mais importante é que Zaratustra é mais verdadeiro do que qualquer outro pensador. Sua lição, e só ela, tem a veracidade como sua mais alta virtude – isso significa o contrário

83. Citado, com algumas alterações de pouca monta, do *Zaratustra,* Parte II, "Da autossuperação". (N.T.)

da **covardia** do "idealista", que se põe em fuga diante da realidade; Zaratustra tem mais bravura no corpo do que todos os pensadores reunidos. Falar a verdade **e ser certeiro com as flechas**, essa é a virtude persa. – Vocês me compreendem?... A autossuperação da moral através da veracidade, a autossuperação do moralista em seu contrário – **em mim** – é isso que significa em minha boca o nome Zaratustra.

4.

No fundo são duas as negações que a minha palavra **imoralista** encerra em si. Por um lado eu nego um tipo de homem que até agora foi tido como o mais elevado, o **bom**, o **benévolo**, o **benéfico**; por outro lado eu nego uma espécie de moral que alcançou vigência e domínio como moral em si – a moral de *décadence,* falando de um modo mais concreto, a moral **cristã.** Seria legítimo ver a segunda contestação como a mais decisiva, uma vez que a superestimação da bondade e da benevolência já me parece ser, vista por alto, um resultado da *décadence,* um sintoma de fraqueza, incompatível com uma vida ascendente e afirmativa: negar **e aniquilar** são condições no ato de afirmar... – Detenho-me inicialmente na psicologia do homem bom. Para estimar o que vale um tipo de homem, tem de se calcular o preço que custa sua preservação – tem de se conhecer as condições de sua existência. A condição de existência dos bons é **a mentira**... Expresso de maneira diferente: o não **querer**-ver, a toda custa, como a realidade é constituída no fundo, ou seja, **não** de modo a admitir, a toda hora, a interferência de mãos míopes e bondosas. Considerar os **estados de emergência** de toda a espécie como objeção, como algo que é preciso **abolir**, é a *niaiserie par excellence,* vista por alto uma verdadeira desgraça em suas consequências, uma fatalidade de estupidez – quase tão estúpida quanto seria a vontade de abolir o mau tempo – por compaixão aos pobres, digamos... Na grande economia do todo, os horrores da realidade (nas emoções, nas cobiças, na vontade de poder) são incalculavelmente mais necessários do que aquela forma da pequena felicidade, a assim chamada "bondade"; é preciso até mesmo ser indulgente para chegar a conceder a esta última um lugar que seja, pois ela é condicionada pelo caráter mentiroso do instinto. Eu terei uma grande oportunidade para demonstrar as consequências desmedidamente funestas do **otimismo**, esse rebento dos *homines optimi,* para toda a história. Zaratustra, o primeiro a compreender que o otimista é tão *décadent* quanto o pessimista, e talvez mais daninho do que ele, diz: **homens bons jamais falam a verdade. Falsos portos e certezas ensinaram-vos os bons; nas mentiras dos bons fostes nascidos e mantidos. Tudo foi distorcido e mentido até o âmago pelos bons.** Por fortuna o mundo não foi construído sobre instintos, de modo que apenas os bondosos animais de rebanho nele achassem sua estreita fortuna; exigir que tudo se tornasse "bom homem", animal de rebanho, de olho azul,[84] benévolo, "bela alma" – ou, conforme deseja o senhor Spencer, altruísta – significaria privar a existência de seu **grande** caráter, castrar a humanidade e reduzi-la a uma mísera chinesice... **E isso se tentou fazer**!... **Exatamente a isso que se chama moral**... Neste sentido Zaratustra chama os bons ora de "os últimos homens", ora de "princípio do fim"; e sobretudo ele os sente como **a espécie mais**

84. A crítica antecipada à praga do nazismo chega a ser visionária em trechos como esse e referenda pela enésima vez a malversação da qual Nietzsche foi vítima. O tom visionário do *Ecce homo* já pôde ser sentido anteriormente, aliás, quando o filósofo prenunciou catástrofes e guerras sem igual: o século XX. (N.T.)

nociva de homens, porque impõem sua existência tanto às custas da **verdade** quanto às custas do **futuro**.

> Os bons – eles não podem **criar,** eles são sempre o princípio do fim –
>
> – eles crucificam aquele que escreve **novos** valores sobre novas tábuas, eles sacrificam **a si** o futuro, eles crucificam todo o futuro dos homens!
>
> Os bons – eles foram sempre o princípio do fim...
>
> E sejam quais forem os danos que possam causar os caluniadores do mundo, **o dano dos bons é o mais danoso dos danos**.[85]

5.

Zaratustra, o primeiro psicólogo dos bons, é – por consequência – um amigo dos maus. Se uma espécie-*décadence* de homem ascendeu à posição de espécie suprema, isso pôde acontecer somente às custas de sua espécie contrária, a espécie de homem forte e segura da vida. Se o animal de rebanho resplandesce no brilho da mais pura das virtudes, o homem-exceção tem de ser rebaixado ao mal. Se a falsidade reivindica a toda custa a palavra "verdade" para a sua óptica, o verdadeiro de fato deverá ser encontrado sob os piores nomes. Zaratustra não deixa nenhuma dúvida acerca disso: ele diz ter sido precisamente o conhecimento dos bons, dos "melhores" que lhe inspirou o horror ao homem; **dessa** repulsa lhe teriam crescido as asas para "voejar a futuros longínquos" – ele não esconde que o **seu** tipo de homem, um tipo relativamente sobre-humano, é sobre-humano justamente em relação aos **bons**, e que os bons e justos chamariam o seu super-homem de **demônio**...

85. Citação do *Zaratustra,* Parte III, "De novas e velhas tábuas". (N.T.)

Vós, os homens mais altaneiros que meu olhar alcançou, eis a minha dúvida quanto a vós, e o meu riso secreto: eu adivinho que ao meu super-homem chamaríeis – demônio!

Tão estranhos sois ao grande em vossa alma, que o super-homem vos seria **terrível** em sua bondade...[86]

Nessa passagem, e em nenhum outro lugar, deve-se fazer o começo, a fim de compreender o que quer Zaratustra: essa espécie de homem que ele concebe, concebe a realidade **como ela é**: ela é forte o bastante para isso – ela não lhe é estranha, ele não fugiu a ela, ela é **ela mesma**, ela ainda carrega em si tudo o que é terrível e questionável nela, **e só com isso o homem pode ter grandeza**...

6.

– Mas ainda em outro sentido escolhi para mim a palavra **imoralista** como distintivo, como distinção; eu tenho orgulho de possuir essa palavra, que me distingue de toda a humanidade. Ninguém ainda sentiu a moral **cristã** como se estivesse **abaixo** de si: isso requereria uma altura, uma longividência, uma profundidade psicológica e uma abissalidade até hoje inauditas. A moral cristã foi, até agora, a Circe de todos os pensadores – eles estavam a seu serviço... Quem antes de mim adentrou as cavernas, donde sobe o bafio venenoso dessa espécie de ideal – **a difamação do mundo**? Quem tão somente ousou pressentir o que **são** cavernas? Quem, entre os filósofos, foi **psicólogo** antes de mim, e não o seu oposto, o "embusteiro superior", o "idealista"? Antes de mim não havia sequer psicologia. – Ser o primeiro nisso pode ser

86. Citação do *Zaratustra,* Parte II, "Da prudência dos homens". (N.T.)

uma maldição; é, em todo caso, um destino, **pois também se despreza sendo o primeiro**... O **asco** do homem é o meu perigo...

7.

Fui compreendido? – O que me separa, o que me coloca à parte de todo o resto da humanidade é haver **descoberto** a moral cristã. Por isso tive a necessidade de fazer uso de uma palavra que mantivesse o sentido de um desafio a cada homem. Não ter aberto os olhos mais cedo nesse ponto me parece ter sido a grande impureza que a humanidade carrega na consciência, como automistificação tornada instinto, como vontade radical de **não** enxergar nenhum acontecimento, nenhuma causalidade, nenhuma realidade, como falsificação *in psychologicis* que chega ao crime. A cegueira ante o cristianismo é o **crime** *par excellence* – o crime **contra a vida**... Os milênios, os povos, os primeiros e os últimos, os filósofos e as mulheres velhas – descontados cinco ou seis momentos da história, eu como o sétimo – são todos dignos uns dos outros nesse ponto. O cristão foi, até agora, **o** "ser moral", uma curiosidade ímpar – e, **como** "ser moral" , mais absurdo, falso, vaidoso, leviano, mais **prejudicial a si mesmo** do que o maior dentre os desprezadores da humanidade jamais ousaria sonhar... A moral cristã – a forma mais maligna da vontade de mentira, a verdadeira Circe da humanidade: aquilo que a **deteriorou**. **Não** é o erro na condição de erro que me assusta à visão disso tudo, **não** é a milenária falta de "boa vontade", de disciplina, de decência, de bravura nas coisas do espírito, que se revela em sua vitória – é a falta de natureza, é o fato terrível, é a situação completamente terrível de que a própria **antinatureza** recebeu as supremas honras como moral, e, na condição de lei, de imperativo categórico, permaneceu suspensa sobre a humanidade!... Enganar-se a tal ponto, **não** na condição de ser individual, **não** na condição de povo, mas sim na condição de humanidade!... Que se tenha ensinado o desprezo pelos primeiríssimos instintos da vida, que se tenha **inventado** uma "alma", um "espírito" para arruinar o corpo; que se ensine a ver algo impuro no pressuposto da vida, a sexualidade; que se busque o princípio ruim naquilo que é mais básico e necessário ao florescer, o **estrito** amor-a-si-mesmo (tão só a palavra já é difamante!); que, pelo contrário, se veja nos signos típicos do declínio e da contradição de instinto, no que é "desinteressado", na perda do centro de gravidade, na "despersonalização" e no "amor ao próximo" (**vício** pelo próximo!) o valor **mais elevado**, que digo? – o valor **em si**!... Como?! Será que a humanidade inteira está em *décadence?* Será que ela sempre esteve? – Certo é que lhe **ensinaram** sempre os valores de *décadence* como sendo os valores supremos. A moral da renúncia-a-si-mesmo é a moral do declínio *par excellence,* o fato "eu vou ao chão" traduzido no imperativo: "Todos vós **deveis** ir ao chão!" – e **não apenas** no imperativo!... Essa única moral que foi ensinada até hoje, a moral da renúncia-a-si-mesmo trai uma vontade de fim, **nega** a vida em seus fundamentos. – Aqui ficaria aberta a possibilidade de que não é a humanidade que está em degenerescência, mas apenas aquela espécie parasitária de homem, a do **sacerdote**, que através da moral elevou-se fraudulentamente à definidora dos valores, que na moral cristã divisou o seu meio de alcançar o **poder**... E esta é, de fato, a **minha** percepção: os professores, os guias da humanidade, teólogos todos eles, foram todos eles também *décadents:* **daí,** a moral... **Definição da moral**: Moral – a idiossincrasia dos *déca-*

dents, com o desígnio oculto de **vingar-se da vida** – e com êxito. Eu dou valor a **esta** definição...

8.

– Fui compreendido?... Eu não disse uma palavra que já não houvesse dito há cinco anos pela boca de Zaratustra. – A **descoberta** da moral cristã é um acontecimento que não tem igual, uma verdadeira catástrofe. Quem esclarece algo acerca dela é uma *force majeure,* um destino – ele quebra a história da humanidade em dois pedaços. Vive-se **antes** dele, vive-se **depois** dele... O raio da verdade atingiu justamente aquilo que até hoje ocupava o lugar mais alto: quem compreende **o que** foi aniquilado tenha o cuidado de observar se ainda sobrou algo em suas mãos. Tudo o que era chamado de "verdade" até hoje foi reconhecido como a mais nociva, pérfida e subterrânea forma de mentira; o pretexto sagrado de "melhorar" a humanidade foi reconhecido como ardil para **sugar** a própria vida, torná-la anêmica. Moral na condição de **vampirismo**... Quem descobre a moral, descobriu junto o não valor de todos os valores nos quais se acreditou e ainda se acredita; ele não vê mais nada de venerável nos tipos mais venerados, e inclusive naqueles que foram proclamados **santos**; vê neles a espécie mais fatal de aborto, fatal porque **fascinavam**... A noção "Deus", inventada como noção-antítese à vida – tudo nocivo, venenoso, caluniador, toda a hostilidade mortal contra a vida enfeixada em uma unidade horrível! O conceito "além", inventado como "mundo verdadeiro" para arrancar o valor ao **único** mundo existente – a fim de não deixar à nossa realidade terrena nenhum objetivo, nenhuma razão, nenhuma tarefa! A noção de "alma", "espírito", e por fim até a de "alma imortal", inventada para desprezar o corpo, torná-lo enfermo – "santo" –, para tratar com uma frivolidade terrível todas as coisas que na vida merecem seriedade, as questões de alimentação, moradia, dieta espiritual, tratamento a doentes, limpeza, clima! Ao invés da saúde, a "salvação da alma" – quer dizer, uma *folie circulaire* entre convulsões de penitência e histeria de redenção! A noção "pecado", inventada junto com o instrumento de tortura correspondente, o conceito "livre-arbítrio", a fim de confundir os instintos, a fim de fazer da desconfiança frente aos instintos uma segunda natureza! Na noção do "ausente-de-si", do "negador-de-si-mesmo", a verdadeira marca da *décadence,* a **sedução** do nocivo, a **incapacidade** de-encontrar-o-próprio-proveito, a autodestruição convertida em signo de valor absoluto, em "obrigação", em "santidade", em "divindade" no ser humano! Por fim – e isso é o mais terrível – na noção do homem **bom** a defesa de tudo aquilo que é fraco, doentio, malogrado, que-sofre-de-si-mesmo, de tudo **o que deve ir ao chão** – crucificada a lei da **seleção**, transformada em ideal a oposição ao orgulhoso e bem-sucedido, àquele que diz sim, que está seguro, que dá garantia do futuro – e que a partir de agora se chamará de **o mau**... E tudo isso foi acreditado **como moral**! – ***Ecrasez l'infâme***![87] – –

9.

– Fui compreendido? – **Dioniso contra o crucificado...**

87. "Esmagai a infame!" Célebre frase de Voltaire a respeito da Igreja. (N.T.)

CARTAS

Primeira menção do *Ecce homo*

O primeiro documento em que Nietzsche anuncia o *Ecce homo* é uma carta dirigida à irmã em final de outubro de 1888. Essa carta acabaria creditando a irmã a assumir o poder sobre o legado de Nietzsche. Elisabeth praticamente arrancou o legado do filósofo às mãos de Peter Gast em 1893, quando voltou do Paraguai, depois do suicídio do marido, desiludido com o fracasso de sua empresa germânica na América Latina. A carta de Nietzsche diz, entre outras coisas:

"Neste verão dourado, o mais belo que vivi até hoje, escrevo uma retrospectiva de minha vida, apenas para mim mesmo. Ninguém deverá lê-la, excetuado um certo Lama bondoso, quando de novo atravessar o mar a fim de visitar o irmão. Ela não é feita para alemães... Quero enterrar e esconder o manuscrito; ele pode até embolorar, e quando todos tivermos embolorado junto, talvez ele festeje a sua ressurreição. Talvez então os alemães se tornem mais dignos do grande presente que penso em lhes fazer". (PODACH, Erich. *Friedrich Nietzsches Werke des Zusammenbruchs*. Heidelberg, 1961, p. 163.)

Uma carta a Bismarck

Embora Nietzsche tenha – em outra carta – assegurado que Cosima Wagner seria a primeira a receber um exemplar do *Ecce homo,* faria o mesmo com Bismarck, a quem – conforme pode ser visto na obra – considerava um de seus maiores inimigos. Em outra carta – desta vez diretamente ao imperador alemão –, Nietzsche diz que este será o contemplado com o primeiro exemplar de seu livro, usando no interior da missiva alguns dos trechos da obra atinentes aos alemães. Na carta a Bismarck, Nietzsche escreve:

"A Sua Alteza, o príncipe Bismarck.

Eu demonstro, ao maior entre os homens de Estado de nosso tempo, a honra de, através da entrega do primeiro *exemplar de* Ecce homo, *anunciar-lhe minha inimizade. Junto, mando um segundo exemplar: fazer com que o mesmo chegue às mãos do jovem imperador é o único pedido que me ocorreria encaminhar ao príncipe Bismarck...*

O Anticristo

Friedrich Nietzsche

Turim, via Carlo Alberto 6, III." (PODACH, op. cit., p. 167.)

O DITIRAMBO FINAL

O ditirambo a seguir estaria destinado a fechar o *Ecce homo,* segundo a opinião de pelo menos dois editores da obra de Nietzsche (Erich Podach e Raoul Richter), e não a fazer parte, simplesmente, dos *Ditirambos de Dioniso,* conforme a opinião de outros editores do filósofo. Da mesma maneira, aliás, algumas das partes de *O Anticristo* – bem como a poesia "Da pobreza dos mais ricos", de *Nietzsche contra Wagner* – teriam sido escritas para o *Ecce homo*, a princípio, mas transferidas para as obras mencionadas mais tarde. Eis aqui, pois, o ditirambo final do *Ecce homo,* conforme aparece em pelo menos duas edições da obra de Nietzsche:

*"**Glória e Eternidade***

1.

Quanto tempo já, te assentas
sobre o teu infortúnio?
Atenção! Ainda chocarás
um ovo,
um ovo de basilisco
Da tua longa desgraça.

O que faz Zaratustra, pé ante pé ao longo da montanha? –

Desconfiado, ulcerado, sombrio
um espreitante distante –,
mas de repente, um raio,
claro, terrível, um golpe
contra o céu, vindo do abismo:
– até a montanha sente tremer
sua entranha...

Onde o ódio e o raio
eram unos, uma praga –
sobre as montanhas agora mora a fúria de Zaratustra,
numa nuvem borrascosa ele disfarça seu caminho.

Que se esconda, o que tiver uma última coberta!
À cama com vocês, seus frágeis!
Agora os trovões rolam sobre as abóbadas,
agora treme o que é vigamento e muro,
agora estremecem raios e verdades cinza-sulfúreas —
Zaratustra pragueja...

2.

Essa moeda, com a qual
todo mundo paga,
glória –
só com luvas é que toco essa moeda,
com asco a pisoteio debaixo de mim.

Quem quer ser pago?
Os que podem ser comprados...
Quem está à venda agarra
com mãos sebosas,
buscando o latão blim-blão da glória mundana!

– Queres comprá-los?
Eles podem ser todos comprados.
Mas ofereça muito!
tilinte a bolsa, com força!
– pois senão tu os fortaleces
fortaleces senão a sua virtude...

Todos eles são virtuosos.
Glória, e a virtude da vitória – isso até rima.
Enquanto o mundo viver,
a virtude-tagarela paga
com glória-sem-taramela –
e o mundo vive dessa balbúrdia...
Ante todos os virtuosos

quero ser culpado,
ser chamado culpado de toda a grande culpa!
Ante todos os juízes provisórios da glória
minha ambição se tornará verme –
pois entre tipos assim faço gosto
em ser o mais vil...
Essa moeda, com a qual
todo mundo paga,
glória –
só com luvas é que toco essa moeda,
com asco a pisoteio debaixo de mim.

3.

Silêncio! –
Sobre grandes coisas – eu vejo coisas grandes! –
a gente deve calar

ou falar grande:
fale grande, minha sabedoria encantada!

Eu olho para o alto –
lá rolam mares de luz:
– oh, noite, oh, silêncio, oh, balbúrdia mortalmente silenciosa!...
Eu vejo um sinal –
da distância mais distante
uma constelação se inclina, lentamente cintilante, até mim...

4.

Mais alto astro do ser!
Quadro de obras plásticas eternas!
Tu vens até mim? –
Aquilo que ninguém vislumbrou
a tua beleza muda –
como? ela não foge aos meus olhares?

Placa da necessidade!
Quadro de obras plásticas eternas!
– mas tu sabes muito bem:
o que todos odeiam,
o que só eu amo,
que tu és eterno!
que tu és necessário!
Meu amor se acende
eternamente apenas na necessidade.

Placa da necessidade!
Mais alto astro do ser!
– que não é alcançado por nenhum desejo,
que não é manchado por nenhum não,
sim eterno do ser,
sou teu sim eterno:
pois eu te amo, oh, eternidade! –"

ADENDOS EM PROSA AO *ECCE HOMO*

Por que eu sou tão inteligente – "aposto" ao parágrafo número 3.

"(...) Emerson, com seus ensaios, foi para mim um bom amigo e também um animador em tempos sombrios: ele possui tanto ceticismo, tantas "possibilidades" em si, que até mesmo a virtude se torna espirituosa nele... Um caso único!... Já quando era garoto eu gostava de ouvi-lo. O mesmo é o caso do Tristram Shandy, que também faz parte dos primeiros e mais saborosos entre meus livros; como senti Sterne ao entrar em contato com ele é revelado por um trecho bastante reflexivo de "Humano, demasiado humano" (Parêntesis de Peter Gast: Aforismo 113). *Talvez pelos mesmos motivos eu tenha preferido Lichtenberg entre os livros alemães, ao passo que já aos treze anos não conseguia engolir o "idealista" Schiller... Eu gostaria de não esquecer o Abade Galiani, esse maganão profundo, o maior que jamais viveu. – Entre todos os livros, uma de minhas impressões mais fortes vem daquele provençal petulante, Petrônio, que escreveu a última* Satura menippea.[1] *Essa soberana libertação da "moral", do "sério", e até mesmo do gosto sublime, esse refinamento na mistura do latim vulgar e do latim "culto", esse indomável bom humor, que salta com graça e malícia sobre todas as anomalidades da alma "antiga" – eu não saberia mencionar um só livro que teve sobre mim uma semelhante impressão libertadora: seu efeito foi dionisíaco. Em casos em que tenho a necessidade de me restabelecer rapidamente de uma impressão mesquinha – quando, por exemplo, devido à minha crítica ao cristianismo tive de respirar por muito tempo o ar pestilento do apóstolo Paulo –, bastam-me, como remédio heroico, algumas páginas de Petrônio e*

1. Referência ao *Satiricon*. (N.T.)

de imediato volto a me sentir saudável." (PODACH, op. cit., p. 236-37.)

Por que eu escrevo livros tão bons, "opção" ao parágrafo número 2.

"(...) Por sorte falta em mim qualquer aspecto singelo e eu procuro minha honra no ato de ser mestre em toda arte da sedução – minha última ambição seria convencer suábios e outras vacas a virem até mim; mas o que mais anima os leitores acostumados a mim em meus escritos é a minha coragem: eu me meto em perigos a cada esquina e não por acaso a gente é amigo da bela Ariadne, para a qual o labirinto se constitui em uma curiosidade de caráter próprio – e o contato com o senhor Minotauro está longe de ser evitado... Platão, para não falar de filósofos da "porta dos fundos" – de Kant – é um simples poltrão perto de mim... Meus escritos dão trabalho – isso não haverá de ser uma objeção a eles, espero?... Para se compreender a linguagem mais concisa jamais falada por um filósofo – e além disso a mais pobre em clichês, a mais viva, a mais artística – é preciso seguir o procedimento oposto ao que normalmente pede a literatura filosófica. Esta tem de ser condensada, caso contrário se estraga o estômago – eu tenho de ser diluído, liquefeito, aguado: caso contrário se estraga o estômago... O ato de silenciar é tão instintivo em mim quanto nos senhores filósofos é instintivo o ato de fofocar. Eu sou breve: meus leitores, eles mesmos, devem se fazer extensos, se tornar volumosos a fim de trazer à tona e juntar tudo aquilo que foi pensado por mim, e pensado até o fundo. – Há, por outro lado, pressupostos para se "compreender" o que ali vai escrito, pressupostos à altura dos quais poucos e raros se encontram: é preciso

saber colocar um problema em seu justo lugar, isto é, em relação com os problemas a ele atinentes – e para isso é preciso ter ao alcance da mão a topografia dos recantos e áreas complicadas de ciências inteiras, e sobretudo da própria filosofia... Por último, eu falo apenas do vivido, não meramente do "pensado"; a antítese pensar/viver não existe em mim. Minha "teoria" cresce a partir da minha práxis!... Escutemos o que Zaratustra dá a entender a respeito disso, o mesmo Zaratustra que foi probo o bastante para proferir a sentença 'bons homens jamais dizem a verdade':

> *– A ousadia forçada, a longa desconfiança, o não cruel, o cortar no vivo – quão raras são as vezes em que tudo isso se reúne! Mas é de uma semente dessas que a verdade é criada.*
>
> *Tudo o que para os bons é chamado de mau tem de se reunir a fim de que a verdade possa nascer..."* (PODACH, op. cit., p. 251-52.)

O caso Wagner. "Aposto" no interior do parágrafo número 3, depois de "eu chegarei à conclusão de que não vivi sequer uma hora boa com alemães".

> *"Quereis que eu revele aqui minhas experiências "alemãs"? – Förster: pernas compridas, olhos azuis, louro (cabeça de palha!), alemão de raça com veneno e bílis, sempre investindo contra tudo o que guarda espírito e futuro: judaísmo, vivissecção e assim por diante – mas por causa dele a minha irmã abandonou seus "próximos", precipitando-se em um mundo cheio de perigos e acasos maldosos. – Köselitz:[2] fraco à maneira saxã, por vezes pateta, impossível de ser arrancado a seu lugar, uma perso-*

2. Peter Gast. (N.T.)

nificação da lei da gravidade – mas sua música é de primeiro nível e anda sobre passos leves... Overbeck: seco, azedo, submisso a sua mulher, estende a mim, assim como Mime,[3] *a bebida envenenada da dúvida e da desconfiança contra mim mesmo – mas ele se mostra benévolo, preocupado comigo e diz que é meu 'amigo mais complacente'... Contemplai-os – eles são três tipos alemães! Canalhas!...*"

(PODACH, op. cit., p. 314.)

O caso Wagner. "Rascunho" de um parágrafo que recebe o número 5 e viria após o parágrafo 4, portanto.

"*– Um último ponto de vista, o mais elevado talvez: eu justifico os alemães, apenas eu, sozinho. Nós estamos em oposição, nós somos intocáveis mutuamente – não há ponte, não há pergunta, não há olhar entre nós. Mas essa apenas é a condição para aquele grau mais extremo de autopreservação, de autoconsciência, de autossalvação, que em mim se fez homem: eu sou a solidão feita homem... O fato de nenhuma palavra jamais ter me alcançado obrigou-me a alcançar-me a mim mesmo... Eu não teria sido possível sem essa espécie-oposta de raça, sem os alemães, sem esses alemães, sem Bismarck, sem 1848, sem "guerras de libertação", sem Kant, até mesmo sem Lutero... Os grandes crimes culturais dos alemães justificam-se em uma economia mais alta da cultura... Eu não quero nada diferente, nem mesmo retroativamente – eu não poderia querer nada diferente...* Amor fati... *Até mesmo o cristianismo torna-se necessário: só a forma mais elevada, a mais perigosa e sedutora em seu não à vida, provoca a sua mais elevada afirmação – Eu... O que são, no fim das*

3. Personagem do *Anel dos nibelungos* de Wagner. (N.T.)

contas, esses dois milênios? Nosso experimento mais instrutivo, uma vivissecção na própria vida... Apenas dois milênios!..." (PODACH, op. cit., p. 318-19.)

Ao final do livro, depois dos capítulos finais que acabaram eliminados, um deles transferido ao *Crepúsculo dos ídolos* ("O martelo fala" – *Der Hammer redet*) o outro jamais encontrado ("Declaração de guerra" – *Kriegserklärung*)[4], mas antes do poema "Glória e Eternidade", Podach ainda refere um último parágrafo, intitulado:

"*Última ponderação*

Pudéssemos não aconselhar a guerra, tanto melhor. Eu saberia fazer um uso bem mais produtivo dos doze bilhões que a paz armada custa à Europa anualmente; existem outros meios de fazer honra à fisiologia que não os hospitais militares de campanha... Curto e grosso, e bom ainda por cima: depois de o velho Deus estar enfim abolido, estou pronto para governar o mundo..." (PODACH, op. cit., p. 332.)

4. Em uma carta enviada ao amigo Strindberg, o grande dramaturgo sueco, pouco antes do Natal de 1888, Nietzsche anuncia que deu ordens aos príncipes europeus para se reunirem em Roma, a fim de planejar o fuzilamento do jovem imperador alemão; o dramaturgo tomou a epístola como sendo uma brincadeira do filósofo, prestes a adentrar a insânia. A irmã Elisabeth e a mãe admitiram ter eliminado trechos do *Ecce homo* em que o imperador alemão (Guilherme II,1859-1941, que chegara ao poder com menos de trinta anos, depois do governo de três meses de seu pai, Frederico III) era atacado ainda mais fortemente do que naqueles que restaram incólumes, alegando que eles continham crime de lesa-majestade. (N.T.)

Glossário alfabético geral

ACONTECIMENTOS DE 1848. As Revoluções de 1848 dão nome ao surto revolucionário que se estendeu em 1848 pela França, Itália, Alemanha, Áustria e Hungria, em geral com aspirações liberais e democráticas. Em grande parte, foram provocadas pela política de Frederico Guilherme IV, da Prússia.

ALCIÔNICO. Relativo a *alcíone* (uma ave fabulosa da antiguidade), com o significado de "sereno, bonançoso, agradável". O adjetivo inclusive é dicionarizado no Brasil.

ALEXANDRE, o Grande (356-323 a.C.). Rei da Macedônia de 336 a 323 e talvez o maior conquistador militar da história. Edificou um grande império que viria a ser a base da civilização helenística.

ALLA TEDESCA. Em italiano no original; "à maneira alemã".

ALTA ENGADINA. A região da Suíça em que fica Sils-Maria, localidade mencionada por Nietzsche várias vezes. A partir de 1881 – depois de abandonar a Universidade de Basileia, em 1879, e receber uma pensão anual –, o autor passaria seus verões nas montanhas de Sils-Maria e os invernos junto ao mar, na Riviera francesa ou italiana.

APOLÍNEO. Referente a Apolo, deus grego do Sol, da música, do intelecto e da profecia; a ele era consagrado o templo de Delfos, o mais importante da Grécia. Nietzsche sustenta que a tragédia grega teria surgido da fusão de dois componentes: o "apolíneo", que representava a medida e a ordem, e o "dionisíaco", símbolo da paixão vital e da intuição; Sócrates, ao impor o ideal "racionalista apolíneo", teria causado a morte da tragédia e a progressiva separação entre pensamento e vida.

AQUILA. Originalmente uma fortaleza, levantada por Conrado I, da Sicília, filho de Frederico II, durante o conflito ocorrido no século XIII entre o papado e a dinastia dos Hohenstaufen.

ARIADNE. Personagem da mitologia grega; forneceu a seu amado, Teseu, o fio que lhe permitiu sair do labirinto onde se encontrava o Minotauro. Abandonada na ilha de Naxos, Ariadne teve um fim trágico.

ARISTÓTELES (384-322 a. C.). Filósofo grego e principal discípulo de Platão; escreveu obras sobre lógica, fenômenos naturais, metafísica, ética, vida animal, política, retórica e poética. Nietzsche o critica por compreender "negativamente" a tragédia grega.

AUGSBURGER ZEITUNG. "Jornal de Augsburgo", de grande influência no século XIX; Heine foi um de seus colaboradores, inclusive.

BAADER, Franz Xaver von (1765-1841). Filósofo e teólogo alemão; opôs-se ao liberalismo com uma concepção orgânica da sociedade e do Estado. Baader defendeu o uso da razão para complementar a fé e a tradição da Igreja.

BACH, Johann Sebastian (1685-1750). Compositor alemão. Um dos maiores compositores de todos os tempos, Bach promoveu a síntese de formas, estilos e tradições nacionais das gerações anteriores.

BACON, Lord (1561-1626). Filósofo inglês; criou a "teoria dos ídolos" e propôs o método indutivo como nova maneira de estudar os fenômenos naturais. Para Bacon, o conhecimento científico tem por finalidade servir o homem e dar-lhe poder sobre a natureza; a ciência antiga, de origem aristotélica, que se assemelha a um puro passatempo mental, é criticada pelo autor – daí, o elogio nietzscheano. No pensamento baconiano, a ciência deve restabelecer o *imperium hominis* – o império do homem sobre as coisas.

BATALHA DE WÖRTH. Wörth é uma cidade próxima a Regensburg; lá ocorreu uma das Batalhas da Guerra Franco-Prussiana de 1870-1871, que acabou com a hegemonia francesa e resultou na fundação do império alemão.

BAUDELAIRE, Charles (1821-1867). Poeta francês; famoso por suas *Fleurs du mal*, influenciou toda a poesia simbolista mundial e lançou as bases da poesia moderna.

BAUER, Bruno (1809-1882). Filósofo, historiador da religião e publicista; jovem hegeliano; criticou a Bíblia e o conceito ortodoxo de Deus a partir do ponto de vista idealista; foi hegeliano de esquerda – e demitido da Universidade de Bonn por seu radicalismo –, depois passou a conservador, defendendo a reação prussiana.

BAYREUTHER BLÄTTER. Traduzindo diretamente, "Folhas de Bayreuth", revista fundada em 1878 pelos wagnerianos.

BERLIOZ, Hector (1803-1869). Compositor francês; revolucionou as técnicas orquestrais e criou a música de programa. Berlioz tardou a impor sua arte, e a pobreza o perseguiu até seus últimos dias; o ambiente de Paris lhe era em tudo adverso: a música sinfônica e instrumental via-se inteiramente desprezada, em benefício das óperas medíocres – daí, também, a afinidade manifestada por Nietzsche. Para sobreviver, o compositor tornou-se crítico musical e colaborou em órgãos como o *Courrier de l'Europe* e o *Journal des Débats* – o único jornal que Nietzsche dizia ler.

BISMARCK, Otto von (1815-1898). Político alemão, cognominado "Chanceler de Ferro"; consolidou a unificação da Alemanha na segunda metade do século XIX e, como tal, era, para Nietzsche, o representante *par excellence* do "germânico", do "imperial", que causava tanto asco ao filósofo.

BOURGET, Paul (1852-1935). Escritor francês; conservador, representante da mentalidade dos círculos aristocráticos franceses e grande cultor do romance psicológico.

BRANDES, Georg (1842-1927). Crítico literário dinamarquês de ascendência judaica; adotou uma postura antirromântica e tornou-se líder do movimento naturalista na literatura escandinava; foi o primeiro a organizar um seminário sobre Nietzsche, quando o mundo ainda não o conhecia.

BRENDEL, Franz (1811-1868). Compositor e wagneriano da primeira geração.

BROCHARD, Victor (1848-1907). Filósofo francês.

BUDA (c. 563-483 a. C.). Siddharta Gautama, príncipe indiano; fundador do budismo, uma das principais religiões do mundo.

BÜLOW, Hans Guido von (1830-1894). Músico alemão, regente e pianista, especialista nas peças de Wagner. Era casado com Cosima antes de esta o abandonar para seguir Wagner. Achou a composição de Nietzsche referida no trecho em que é citado muito ruim.

BUND. "Aliança", em alemão; jornal suíço que publicou uma série de resenhas acerca de Nietzsche e sua obra.

BYRON, Lord (1788-1824). Poeta inglês; sua obra, de tom marcadamente subjetivo e autobiográfico, resumiu e influenciou o movimento romântico em todo o mundo. O *Manfredo*, poema dramático enigmático e demoníaco de 1817, é uma de suas principais obras.

CAGLIOSTRO. Referência ao conde Alessandro Cagliostro (1743-1795), alquimista e aventureiro italiano, famoso junto à alta sociedade parisiense, na corte de Luís XVI.

CANAILLE. Em francês no original; "canalha".

CARLYLE, Thomas (1795-1881). Historiador e ensaísta inglês; sua obra é caracterizada por uma concepção original da história como fruto da vontade divina e do heroísmo dos grandes homens. O aspecto carregadamente cristão do pensamento de Carlyle – o autor chegou a defender a recuperação dos valores espirituais diante do materialismo do século XIX – valeu-lhe a chicotada de Nietzsche.

CERÚLEA. Da cor do céu, cérula.

CESARE BORGIA (c. 1475-1507). Religioso e nobre italiano; político inescrupuloso, um dos homens mais admirados e temidos de seu tempo, modelo de ambição e inteligência. Irmão de Lucrécia Borgia. Seu temperamento combinava a ambição desmedida de poder e o gosto pelas artes, completando o retrato de um personagem odioso e temido em sua época, mas com inegáveis qualidades. Maquiavel viu nele o modelo para os demais governantes da época, conforme retratou em *O príncipe*.

CHINESICE. Tem o mesmo significado que *Chineserie* possui no original, em sua multiplicidade de significados no português: "chinesice" significa, também, "bugiganga, miudeza, bagatela" ou "artifício que revela grande paciência" ou ainda "coisa ou ação complicada e de utilidade incerta".

CHOPIN, Frédéric (1810-1849). Compositor polonês; notável pianista. Morou em Paris – a Paris tão louvada por Nietzsche – desde 1831, chegando a viver um amor conturbado com a escritora George Sand durante doze anos. A obra de Chopin suscitou inúmeros equívocos ao longo dos anos, devido à facilidade melódica de algumas de suas peças, que o tornaram famoso. Para "os do ramo", Chopin é autor de uma obra original, atemporal e universal, apesar – ou quem sabe por causa delas – das influências locais do folclore de sua terra, a Polônia, visível sobretudo nas mazurcas e polonaises que compôs. Após sua morte, Franz Liszt, seu amigo, assegurou que a posteridade teria um reconhecimento "menos frívolo" pela arte de Chopin do que os contemporâneos.

CIRCE. Personagem da mitologia grega; feiticeira, filha de Hélio e da ninfa Persis. Famosa pelo episódio em que reteve Ulisses em sua ilha durante um ano, transformando seus companheiros em porcos. Para Nietzsche, a moral é a Circe da humanidade, quer dizer, aprisiona alguns e transforma os outros em porcos.

COMME IL FAUT. Expressão francesa; "conforme deve ser".

CORNEILLE, Pierre (1606-1684). Dramaturgo francês; responsável por dar forma definitiva à tragédia clássica francesa.

DA VINCI, Leonardo (1452-1519). O "homem total" do renascimento. Pintor, escultor, inventor, arquiteto e cientista; sua obra constitui a síntese dos ideais estéticos que deram origem à renascença.

DANTE Alighieri (1265-1321). Poeta italiano; sua *Divina comédia* (1308-1321) é uma das obras fundamentais da história da literatura universal.

DARWINISMO. Teoria evolucionista proposta por Charles Darwin em meados do século XIX. Ainda marcado pelo pensamento de Lamarck, o darwinismo creditava ao ambiente a capacidade de fazer surgir nos indivíduos novos caracteres adaptativos, que se tornam hereditários. O aperfeiçoamento da teoria propiciou o surgimento da moderna teoria da evolução.

DE RIGUEUR. Em francês no original, um opositor "rigoroso", conforme o texto.

DÉCADENCE. "Decadência" em francês.

DÉCADENT. Em francês, no original. Para Nietzsche – provavelmente – a palavra francesa guardava mais fielmente o vigor de sua origem latina. As palavras alemãs "Verfall" ou "Nidergang" certamente não são tão precisas quanto a versão francesa, que inclusive é conhecida também no alemão; ademais, elas não se servem para conceituar uma pessoa conforme acontece com o binômio *décadence-décadent*.

DELACROIX, Eugène (1798-1863). Pintor francês; romântico, influenciou os grandes mestres do final do século XIX e vários artistas contemporâneos.

DÉLICATESSE. "Delicadeza" em francês.

DESCARTES, René (1596-1650). Filósofo francês; criador do sistema filosófico conhecido como cartesianismo.

DIONISÍACO. Referente a Dioniso e em oposição a apolíneo (de Apolo).

DIONISO. Divindade grega do vinho e da embriaguez; era, na origem, deus da vegetação, cultuado na Trácia e na Frígia. Segundo a tradição clássica, Dioniso era filho de Zeus e Sêmele, filha mortal do rei de Tebas. Tocada pelo ciúme, Hera – a esposa de Zeus – persuadiu Sêmele a pedir ao rei do Olimpo que se mostrasse em todo o esplendor de sua majestade; ao fazê-lo, Sêmele morreu fulminada pelos raios emitidos por Zeus, mas este salvou o filho que ela trazia no ventre e enxertou-o em sua própria coxa. Quando Dioniso nasceu, Zeus enviou-o a Nisa a fim de protegê-lo de Hera. Lá Dioniso cresceu e descobriu a videira e o fabrico do vinho; depois realizou numerosas viagens para expandir seu culto e ensinar aos homens a arte da vinicultura. Antes de subir ao Olimpo, desceu aos infernos para buscar a mãe e levou-a consigo.

DISHARMONIA PRAESTABILITA. Desarmonia preestabelecida.

DITIRAMBO. Do grego *dithýrambos*, pelo latim *dithyrambu*. Gênero poético no qual Nietzsche foi mestre. Nas origens do teatro grego, o ditirambo era um canto coral de caráter apaixonado (alegre ou sombrio), constituído de uma parte narrativa, recitada pelo cantor principal, ou corifeu, e de outra propriamente coral, executada por personagens vestidos de faunos e sátiros, considerados companheiros do deus Dioniso, em honra do qual se prestava essa homenagem ritualística.

DÜHRING, Karl Eugen (1833-1901). Filósofo e economista político alemão; egresso da esquerda hegeliana, discípulo de Feuerbach e positivista; tornou-se famoso pelo ataque que Engels moveu contra ele em *Anti-Dühring*.

EMERSON, Ralph Waldo (1803-1882). Escritor e filósofo americano; sua obra – sobretudo *Nature,* de 1836 – exortava seus contemporâneos a evitar a inércia e a procurar "uma poesia e uma filosofia intuitivas, e não meramente tradicionais". A obra-prima de Emerson são seus *Ensaios,* publicados entre 1841 e 1844.

ESPRIT. Palavra de múltiplos significados em francês; eles vão de "espírito" a "humor", passando por "inteligência"; virtude tida como tipicamente francesa e como tal usada por Nietzsche.

ET HOC GENUS OMNE. Em latim no original; "e toda a gente do tipo".

EUTERPE. Uma das nove musas, a deusa da música. É representada como uma jovem coroada de flores com uma flauta – é a ela que se atribui a invenção do instrumento – nas mãos.

ÉVANGILE DES HUMBLES. Em francês no original; "evangelho dos humildes".

EWALD, Heinrich (1803-1875). Teólogo de Göttingen e orientalista.

FAUTE DE MIEUX. Em francês no original; "por falta de coisa melhor".

FÊNIX. Ave fabulosa egípcia, ligada ao culto do deus Ra; semelhante à águia, com asas douradas e vermelhas, vivia mais de mil anos. Ao sentir a morte, a fênix se deixava consumir pelo Sol, para em seguida renascer das próprias cinzas.

FICHTE, Johann Gottlieb (1762-1814). Filósofo alemão; um dos representantes do idealismo derivado do pensamento de Imannuel Kant e como tal "surrado" por Nietzsche. Postulou a existência de uma ordem moral absoluta, fundamento de toda a realidade, que se identificaria com o "eu" espiritual.

FOLIE CIRCULAIRE. "Loucura circular" em francês.

FONTANA. "Fonte", "chafariz" em italiano.

FORCE MAJEURE. Em francês no original; "força maior".

FÖRSTER, Bernhard (1843-1889). Marido de Elisabeth, irmã de Nietzsche; antissemita e nacionalista exacerbado, mudou-se com a mulher ao Paraguai, onde tentou constituir uma colônia germânica. Acabou se suicidando após o fracasso da empreitada.

FRANCE, Anatole (1844-1924). Jacques Anatole François Thibault, escritor francês, notável por seu estilo fluente e sarcástico, na crítica aos costumes e instituições; foi Prêmio Nobel de Literatura em 1921, bem após os elogios nietzscheanos.

FREDERICO GUILHERME IV (1795-1861). Rei da Prússia de 1840 a 1861; sua política conservadora, inspirada no direito divino, provocou a Revolução de 1848.

FREDERICO II (1194-1250). Nietzsche diz – e não apenas uma vez em sua obra – considerar-se próximo ao imperador da dinastia dos Hohenstaufen. Rei da Alemanha, Sicília e Jerusalém, elevado ao trono do Sacro Império Romano-Germânico em 1220, Frederico II nunca teve grande interesse pelo império germânico – e as semelhanças com Nietzsche continuam – e preferiu o reino da Sicília, que transformou no primeiro estado moderno da história. Poliglota, matemático e escritor, reuniu sábios judeus, árabes e cristãos e fez da Corte um ponto de encontro das diversas correntes culturais da época. Foi chamado de anticristo pelos críticos, por adotar alguns costumes muçulmanos. Para cumprir promessa feita ao papa Gregório IX, partiu em cruzada à Terra Santa no ano de 1228, mas, em vez de lutar, negociou com o sultão al-Kamil e conquistou pacificamente Nazaré, Belém e Jerusalém. A luta pelo poder levou-o a se desentender com o papa, que convocou um concílio ecumênico. Frederico impediu a reunião ao prender cardeais e bispos que dela participariam e promoveu a eleição do papa Inocêncio IV, seu amigo. Mas as divergências logo os puseram em confronto. O imperador apelou para a mediação de Luís IX, rei da França, mas foi deposto em 1245 e se retirou para o sul da Itália, onde permaneceu até morrer em Apulia.

FREDERICO III, da Prússia (1831-1888). Filho de Guilherme I, destacou-se nas guerras contra a Áustria em 1866 e contra a França em 1870, quando comandou os exércitos prussianos; chegou ao trono em 1888 e ocupou-o por apenas três meses. Seu filho Guilherme I o substitui e é invocado – e criticado – por Nietzsche várias vezes como "o jovem imperador alemão".

FRITZSCH, E. W. (Ernst Wilhelm, 1840-1902). Editor estabelecido em Leipzig.

GALIANI, Abade (1728-1787). Referência a Ferdinando Galiani, economista italiano. Pioneiro nos estudos sobre a teoria do valor, Galiani combateu as teorias fisiocratas. Galiani foi – daí a importância que Nietzsche lhe concede – o precursor da doutrina de valores subjetiva; sua obra mais conhecida é *As cartas do abade Galiani.* Sua obra *Della moneta* foi utilizada por Marx na escritura d'*O capital.*

GAST, Peter (1854-1918). Pseudônimo de Heinrich Köselitz, compositor, amigo e discípulo de Nietzsche.

GENTILHOMME. Em francês no original; "fidalgo".

GOETHE, Johann Wolfgang von (1749-1832). O maior clássico

alemão de todos os tempos e um dos escritores mais importantes da literatura universal. Nietzsche o humilha diante de Byron na comparação entre *Manfredo* e *Fausto*.

GRAND SEIGNEUR. "Grão-mestre" em francês.

GRENZBOTEN. "Mensageiro da fronteira"; publicação semanal sobre política, literatura e arte, fundada por I. Kuranda em Bruxelas no ano de 1841, a fim de cultivar as relações diplomáticas entre o liberalismo alemão e flamengo. Se Nietzsche diz que a publicação é de Leipzig é porque a partir de 1842 o jornal foi publicado na cidade alemã.

GYP (1850-1932). Pseudônimo da escritora Gabrielle, Condessa Martel de Janville; em romances vivazes e cheios de humor, Gyp criticou – com alguns matizes socialistas – a aristocracia francesa.

HÄNDEL, Georg Friedrich (1685-1759). Compositor alemão, naturalizado inglês. Na Inglaterra, Händel foi "único" em seu tempo, cativou o público e obteve o reconhecimento da aristocracia do país.

HEGEL, Georg W. Friedrich (1770-1831). Filósofo alemão; último dos grandes criadores de sistemas filosóficos dos tempos modernos, lançou as bases das principais tendências filosóficas posteriores. Na condição de maior expoente do idealismo alemão foi vítima constante das chicotadas de Nietzsche. Para Hegel, o fundamento supremo da realidade não podia ser o "absoluto" de Schelling nem o "eu" de Fichte, mas sim a "ideia", que se desenvolve numa linha de estrita necessidade. A dinâmica dessa necessidade não teria sua lógica determinada pelos princípios de identidade e contradição, mas sim pela "dialética", realizada em três fases: tese, antítese e síntese. Assim, toda realidade primeiro "se apresenta", depois se nega a si própria e num terceiro momento supera e elimina essa contradição.

HERÁCLITO (c. 540-c.480 a. C.). Filósofo grego e um dos mais notáveis entre os pensadores pré-socráticos; primeiro representante da dialética. Nietzsche elogia Heráclito por ser o filósofo do vir a ser, do devir (em oposição a Parmênides, filósofo do ser). Para Heráclito, tudo está em contínuo movimento, tudo flui; ninguém toma banho duas vezes no mesmo rio, porque tanto a água quanto o homem mudam incessantemente. Além do mais,

Heráclito ridicularizava os cultos e ritos de seu povo, e, por ter um estilo de difícil compreensão, foi cognominado "o obscuro", o que também o aproxima da iconoclastia – e da acusada "obscuridade" – nietzscheana.

HERDER, Johann Gottfried von (1744-1803). Filósofo e escritor alemão; um dos teóricos do *Sturm und Drang*, movimento precursor do romantismo na Alemanha.

HILLEBRAND, Karl (1829-1884). Crítico e historiador alemão; grande ensaísta, foi também secretário de Heine.

HOFFMANN, Franz (1804-1881). Filósofo alemão de pouca expressão.

HOHENSTAUFEN. Dinastia alemã que ocupou o trono do Sacro Império Romano-Germânico de 1138 a 1254; também conhecida pelo nome de Staufer.

HOMINES OPTIMI. Em latim, no original; traduzindo *ipsis verbis*: "homens ótimos".

HORÁCIO (65-8 a. C.). Poeta latino; um dos grandes nomes da sátira – e da lírica – universal. A obra de Horácio compreende quatro livros de odes, um de epodos, dois de sátiras, dois de epístolas, um hino e uma carta. Seu livro mais conhecido, as *Sátiras*, é de 35 a. C., e contém dez poemas nos quais o autor discute questões éticas. Na carta dedicada à família dos Pisões, conhecida pelo título de *Ars poetica* (Arte poética), Horácio resume as normas do classicismo, a pretexto de dar conselhos aos jovens que desejam ser poetas. Na mesma obra, o autor aborda a unidade da obra de arte, o estilo, o vocabulário e o metro; fala da originalidade em oposição à imitação, da relação entre talento e trabalho, da finalidade da arte e do combate à mediocridade. A estética de Horácio se define pela precisão dos metros, pela sobriedade de expressão e pela serenidade diante da vida.

IBSEN, Henrik (1828-1906). Dramaturgo norueguês, um dos pais do drama realista moderno, de feitio burguês e fundamento psicológico. A cutucada de Nietzsche – que era amigo de Strindberg – é violenta...

IMPERIUM ROMANUM. "Império romano" em latim.

IN HISTORICIS. Em latim no original; "em questões históricas".

IN INFINITUM. "No infinito", "até o infinito" em latim.

IN PHYSIOLOGICIS. Grego, no original; "em questões de fisiologia".

JOURNAL DES DÉBATS. Célebre jornal francês, primeiro veículo a publicar o folhetim. Jean Bourdeau, redator do *Journal des Débats* à época de Nietzsche, seria o tradutor da *Transvaloração de todos os valores* para o francês, no projeto do filósofo, que previa a tradução simultânea da obra para as principais línguas europeias.

JÚLIO CÉSAR (100-44 a. C.). Militar e estadista romano; personalidade célebre do império. Seu nome, símbolo de poder e prestígio, tornou-se título honorífico dos sucessores. Júlio César – a quem Nietzsche se compara – é o modelo do conquistador para o filósofo, junto com Alexandre, o macedônio.

KANT, Immanuel (1724-1804). Filósofo alemão; seu idealismo transcendental, ou crítico, é um marco importante da filosofia ocidental. A partir da filosofia de Kant, desenvolveu-se o idealismo metafísico alemão – daí, a pimenta de Nietzsche – de Fichte (e a identificação do espírito universal com o "eu") e de Friedrich Schelling (no qual o idealismo adotou uma forma próxima do panteísmo religioso).

KÖNIGSBERG. Antiga capital do império prussiano; hoje Kaliningrado, cidade e porto da Rússia, no enclave entre Polônia e Lituânia, às margens do mar Báltico.

KÖSELITZ. Ver GAST, Peter.

KREUZZEITUNG. "Jornal da Cruz"; referência ao Neue Preussische Zeitung ("Novo Jornal Prussiano"), veículo situado à extrema direita dos conservadores prussianos.

LA ROCHEFOUCAULD, François de (1613-1680). Escritor francês; conhecido por suas máximas, típicas do classicismo francês e marcadas sobretudo pelo desencanto com o gênero humano.

LARGEUR DU COEUR. Em francês no original: "largueza de coração".

LEIBNIZ, Gottfried Wilhelm (1646-1716). Filósofo e matemático alemão; descobridor dos princípios do cálculo diferencial, ao mesmo tempo que Newton. Leibniz defendeu uma linguagem científica universal que, complementada por um sistema dedutivo simbólico, pudesse substituir a argumentação discursiva pelo cálculo em todos os campos do saber. Seu "racionalismo" é profundamente idealista.

LEMAÎTRE, Jules (1853-1914). Escritor e crítico literário francês; destacado pelo caráter impressionista de seus ensaios críticos, livres de dogmatismos.

LIBERUM VETO. "A liberdade de dizer: eu proíbo". No velho congresso imperial polonês (1652-1791), o direito de cada membro de revogar decisões através de seu veto pessoal.

LIBRES PENSEURS. Em francês no original; "livres-pensadores".

LICHTENBERG, Georg Christoph (1742-1799). Filósofo, escritor e matemático alemão; um dos maiores aforistas de todos os tempos.

LISEZ. Em francês no original; "leia-se".

LISZT, Franz (1811-1886). Compositor húngaro, de ascendência alemã; gênio no piano, foi aclamado como o maior pianista do século XIX, mas também foi revolucionário na arte de compor. Suas *Rapsódias húngaras* – dezenove, ao todo – estão entre suas obras mais conhecidas.

LOGGIA. Em italiano no original; usado no sentido de "quarto".

LORRAIN, Claude (1600-1682). Pintor francês; mestre da paisagem clássica, idealizou a natureza com acentuado equilíbrio e discrição.

LOTI, Pierre (1850-1923). Louis-Marie-Julien Viaud, escritor francês; as principais características de seus romances são a melancolia e a busca espacial de cenários exóticos.

LUTERO, Martinho (1483-1546). Teólogo alemão, líder da Reforma, que levou à fundação do protestantismo no século XVI. Nietzsche o culpa de ter salvado o "cristianismo" da morte eminente, e junto com ele o catolicismo, inclusive.

MAUPASSANT, Guy de (1850-1893). Escritor francês; um dos maiores contistas da língua francesa.

MEDIUM. "Meio" em latim.

MEILHAC, Henri (1831-1897). Escritor francês; autor de romances, comédias e libretos para óperas de compositores famosos, como Offenbach e Bizet; atuou muito tempo em colaboração com Ludovic Halévy.

MÊNADE. Ou bacante, sacerdotisa de Baco. Por extensão, mulher devassa, dissoluta, libertina.

MÉRIMÉE, Prospèr (1803-1870). Escritor francês; autor de algumas das obras mais significativas do romantismo de seu país. Sua novela *Carmen* inspirou a ópera homônima de Georges Bizet, que Nietzsche chegou a dizer – por birra segundo alguns – que suplantou qualquer dos trabalhos de Wagner.

METZ. Cidade francesa, capital do departamento de Moselle, região de Lorena, na confluência dos rios Moselle e Seille. Sede de importante batalha na guerra Franco-Prussiana.

MINOTAURO. Figura mitológica grega; ser monstruoso com corpo de homem e cabeça de touro. Foi concebido por Pasífae, mulher do rei Minos de Creta; encerrado num labirinto, lá viveu até ser morto por Teseu.

MISE EN SCÈNE. "Encenação" em francês.

MOLIÈRE (1622-1673). Jean-Baptiste Poquelin, dramaturgo francês e um dos grandes recriadores da comédia moderna. A obra de Molière, de caráter inimitável, mostra aguda percepção do absurdo da vida cotidiana.

MONTAIGNE, Michel de (1533-1592). Pensador francês e "criador" de uma nova forma literária que exerceu profunda influência sobre o pensamento moral europeu dos séculos XVII e XVIII: o ensaio.

NAPOLEÃO Bonaparte (1769-1821). Imperador da França de 1804 a 1814; gênio militar e político, figura influente na Europa nos vinte anos que se seguiram à Revolução Francesa. Assim como Heine, Nietzsche o admirava.

NAUMBURG. A cidade em que viviam a mãe e a irmã, na Turíngia; região produtora de vinhos, conforme Nietzsche chega a referir, de trivela e com ironia.

NÉVROSE NATIONALE. "Neurose nacional" em francês.

NIAISERIE. Em francês no original; "simplicidade", "tolice", "ingenuidade".

NOBLESSE. "Nobreza" em francês.

NON LEGOR, NON LEGAR. Em latim, no original. "Eu não li, eu não quero ser lido."

NON PLUS ULTRA. Expressão latina que designa um limite insuperável.

NOSCE TE IPSUM. "Conhece-te a ti mesmo", o lema central da filosofia de Sócrates (c. 470-c. 399 a. C.). Conforme as palavras de Cícero, "Sócrates fez a filosofia descer dos céus à terra". Antes dele, os filósofos se limitavam a buscar obsessivamente uma explicação para o mundo natural, a *physis*; para Sócrates, a especulação filosófica devia se voltar para outro assunto, bem mais urgente: o homem e tudo o que é humano, por exemplo, a ética e a política. Sócrates dizia que a filosofia não era possível enquanto o indivíduo não se voltasse para si próprio e reconhecesse suas limitações. Daí, o "Conhece-te a ti mesmo".

OPIATO. Conceito da farmácia, hoje desusado. Eletuário (preparado farmacêutico) em que foi acrescentado ópio.

OVERBECK, Franz Camille (1837-1905). Historiador alemão nascido na Rússia, amigo de Nietzsche; agnóstico radical, considerava a cristandade oposta à civilização.

PALAZZO DEL QUIRINALE. A residência oficial do rei e, portanto, livre dos maus odores dos quais – é o que Nietzsche insinua – Roma estava cheia.

PAR EXCELLENCE. Expressão francesa repetida por Nietzsche inúmeras vezes. "Por excelência", "no grau mais alto".

PARSIFAL. Ópera em três atos e cinco quadros; a última obra de Richard Wagner. Iniciada em 1877, foi apresentada em Bayreuth em 1882. O tema, a busca do Santo Graal, é baseado no épico *Parzival* (século XIII), do autor alemão Wolfram von Eschenbach, que – por sua vez – foi influenciado pelo *Perceval* (século XII), do escritor francês Chrétien de Troyes.

PASCAL, Blaise (1623-1662). Filósofo, físico, matemático e escritor francês; sua doutrina filosófica procura contrapor razão e emoção como os dois elementos básicos do conhecimento humano.

PÁTHOS. Em grego, no original; o patético artístico, de caráter nobre.

PETITS FAITS. Em francês no original; "pequenos fatos".

PETRÔNIO (morto em 66 d. C.). Escritor latino; célebre como autor do *Satiricon*, retrato sarcástico da sociedade romana do século I. Recebe um elogio sonoro de Nietzsche, que acabou não aparecendo na versão final do *Ecce homo*.

PIAZZA. Em italiano no original; "praça".

PIEMONTE. Região do noroeste da Itália, cercada pelos Alpes e Apeninos da Ligúria. Turim é a principal cidade da região, que se caracteriza pela fertilidade e pela produção de queijos, frutos e vinhos, matéria que adquire importância por dizer respeito à "alimentação", tema caro a Nietzsche. Foi em Turim que Nietzsche sofreu o colapso mental de 3 de janeiro de 1889.

PLATÃO (c. 428-c. 348 a. C.). Filósofo grego; um dos pensadores mais influentes de todos os tempos, estabeleceu – junto com Sócrates e Aristóteles – as bases da filosofia ocidental. Nietzsche o critica de leve – e com violência chistosa em um dos trechos do "Adendo" –, sinalizando para a fácil absorção do pensamento platônico por parte do cristianismo e o fundo metafísico e idealista de sua filosofia.

PÓ. O rio que atravessa Turim; nasce no monte Viso e desemboca num grande delta no mar Adriático.

PUR SANG. Francês, no original; "puro-sangue".

RACINE, Jean (1639-1699). Dramaturgo francês; consagrado como a expressão genuína da tragédia clássica na França do século XVII.

RANCUNE. Em francês no original; "rancor".

RANKE, Leopold von (1795-1886). Historiador alemão, nascido na Turíngia, em uma família de pastores protestantes – assim como Nietzsche. Teve influência decisiva sobre a moderna historiografia ocidental ao aliar a visão universalista da história, própria do século XIX, à concepção romântica. Professor titular da Universidade de Berlim a partir de 1834, introduziu um novo método de ensino, o sistema de "seminários", posteriormente adotado na Alemanha – e na Europa – inteira.

RÉE, Paul (1849-1901). Filósofo e médico, amigo de Nietzsche. Foi ele quem apresentou Lou Salomé a Nietzsche, que imediatamente se apaixonou pela moça, vivendo com ela e com Rée um "*ménage à trois* platônico", conforme a expressão de R. J. Hollingdale, tradutor de Nietzsche.

RÉGIME. Em francês no original; "regime".

RIDENDO DICERE SEVERUM / VERUM DICERE. Em latim, no original; "dizer o que é sério rindo" (mote de *O caso Wagner*) / "dizer a verdade".

RITSCHL, Friedrich Wilhelm (1806-1876). Filólogo clássico; seus trabalhos foram fundamentais no estudo do latim antigo. Foi professor em Halle, Bonn e Leipzig.

ROSSINI, Gioacchino (1792-1868). Compositor italiano; tornou-se famoso por suas óperas cômicas, que procuraram transformar as estruturas tradicionais do gênero. Sua ópera mais conhecida é *O barbeiro de Sevilha* (1816); mas é também o compositor de *Tancredo* (1813, quando tinha apenas 21 anos), de *Armida* (1817) e de *Guilherme Tell* (1829), sua ópera derradeira, mais complexa e "séria". Depois dessa obra, Rossini nunca mais voltou a escrever óperas, limitando-se a peças religiosas e concertos.

SAINT MORITZ. Lugar montanhoso na Suíça, hoje em dia um paraíso da *richesse*.

SALOMÉ, Lou (1861-1937). Escritora e pensadora, amiga de Nietzsche e, mais tarde, amiga e discípula de Freud. Nietzsche chegou a pedi-la em casamento, querendo fazer dela sua discípula e companheira e rivalizando com Paul Rée no amor a ela. A moça só queria a amizade dos dois, no entanto, num jogo "amoroso" para lá de estranho. Depois do episódio – e também devido às intrigas da irmã –, Nietzsche esteve à beira do suicídio.

SATISFAIT. "Satisfeito" em francês.

SCHELLING, Friedrich W. J. von (1775-1854). Filósofo alemão; destacou-se como um dos principais pensadores do idealismo na Alemanha, e como tal recebe as lambadas nietzscheanas em cheio.

SCHILLER, Friedrich von (1759-1805). Poeta e dramaturgo alemão; renovou a literatura dramática de seu país, com uma obra marcada pelo amor à liberdade e fraternidade humanas.

SCHLEIERMACHER, Friedrich (1768-1834). Filósofo idealista alemão, com o agravante – aos olhos de Nietzsche – de ser teólogo; influenciou profundamente o pensamento protestante do século XIX. Schleiermacher procurou harmonizar o pensamento religioso com o pensamento filosófico. A consciência que o homem tem de depender de algo superior, sobrenatural, é – para Schleiermacher – a base de toda a religião, cujo objetivo deve ser o de ligar as coisas finitas ao infinito; Cristo, como redentor, dá ao cristianismo seu elemento especial, pois em sua pessoa o infinito se reconciliou com o finito, e a vida se fez imortal.

SCHOPENHAUER, Arthur (1788-1860). Filósofo alemão; irracionalista, formulou a doutrina do mundo como vontade e representação com base em ideias budistas. Ainda que tenha sido uma das influências mais caras a Nietzsche, este discorda dele em vários pontos, entre eles o da interpretação "negativa" da tragédia grega, mas também em virtude do "pessimismo" básico de sua filosofia e da concepção idealista do mundo que ela apresenta.

SCHUMANN, Robert (1810-1856). Compositor romântico alemão, famoso sobretudo por suas canções e peças pianísticas. Talento literário – muito além das composições sobre poemas de Heine, Eichendorff e outros autores –, Schumann também escreveu peças teatrais, poemas e fez traduções de Horácio. Nietzsche o admirava muito na juventude, ainda que no *Ecce homo* se mostre profundamente crítico em relação a ele.

SCHÜTZ, Heinrich (1585-1672). Compositor alemão; precursor de Bach, aliou a técnica italiana à devoção luterana. Conforme Nietzsche, Schütz faz parte dos "alemães de raça forte" – mas extintos – junto com Bach e Händel.

SIEGFRIED. Herói da mitologia germânica e escandinava; personagem principal da epopeia medieval *Canção dos nibelungos*, a genuína epopeia do povo alemão. É também personagem da tetralogia de Wagner, *O anel dos nibelungos*. A primeira das óperas da tetralogia – *O crepúsculo dos deuses* – narra musicalmente a morte do herói.

SILVAPLANA. Estação termal em Alta Enganina, junto ao lago de Silvaplana, na Suíça.

SÓCRATES (c. 470-c. 399 a. C.). Filósofo grego; o primeiro a estabelecer, na antiguidade clássica, os fundamentos filosóficos da cultura ocidental. Para Nietzsche, ao impor o ideal "racionalista apolíneo", Sócrates teria causado a morte da tragédia e a progressiva separação entre pensamento e vida.

SOCRATISMO. Relativo a Sócrates.

SPENCER, Herbert (1820-1903). Filósofo britânico; sua obra baseia-se no conceito da evolução natural como princípio subjacente a todas as ordens da realidade. Leva uma espicaçada de Nietzsche por considerar a moralidade como a aspiração da consciência humana a uma harmonização cada vez mais perfeita entre homem e sociedade.

SPITTELER, Karl (1845-1924). Escritor suíço; Prêmio Nobel de Literatura em 1919.

STEIN, Heinrich von (1857-1887). Foi preceptor de Siegfried, filho de Wagner. A última publicação escrita de Wagner foi uma introdução ao livro *Heróis e mundo,* de Stein, publicado em 1883.

STENDHAL (1783-1842). Marie-Henri Beyle, escritor francês; um dos maiores escritores da primeira metade do século XIX, famoso pela complexidade psicológica de seus personagens. Talvez – universalmente falando – o maior contemplado com os elogios de Nietzsche.

STERNE, Laurence (1713-1768). Escritor irlandês; seu estilo irônico e inventivo, marcado por aforismos e diálogos filosóficos, exerceu grande influência sobre a obra de Machado de Assis.

STOA. Escola filosófica fundada por Zenão de Cício, por volta do ano 308 a. C., na *Stoà poikilé,* espécie de salão adornado com quadros de várias cores, onde Zenão se reunia com seus discípulos. Devido ao nome do salão, a escola recebeu o nome de estoicismo, pelo qual é conhecida até hoje.

STRAUSS, David Friedrich (1808-1874). Filósofo e teólogo alemão; sua obra abriu um novo campo de interpretação bíblica, ao explicar mitologicamente os relatos sobre a vida de Jesus. Jovem hegeliano, suábio, Strauss é uma das vítimas preferidas de Nietzsche.

SUÁBIO. Indivíduo da Suábia, região do sudoeste da Alemanha. No século XIX, a Suábia tinha uma prestigiada "escola poética" – muitas vezes ironizada por Heine. Os suábios são tidos como ricos, trabalhadores, religiosos e pães-duros.

SUI GENERIS. "De seu próprio gênero" e, portanto, que não apresenta analogia com nenhuma outra pessoa ou coisa; peculiar.

SUMMA SUMMARUM. Ou seja, como "totalidade".

TABLE D'HÔTE. "Mesa de pensão" em francês.

TAINE, Hippolyte (1828-1893). Filósofo e historiador francês; um dos principais representantes do positivismo, tentou aplicar métodos científicos ao estudo das ciências humanas.

TEMPO FEROCE. Em italiano no original; Nietzsche quer dizer algo como "velocidade alucinante".

TOUTES MES AUDACES ET FINESSES. Em francês no original. "Todas as minhas audácias e finezas."

TREITSCHKE, Heinrich von (1834-1893). Historiador alemão, conservador ao extremo; favorável à unificação alemã sob o controle da Prússia.

TRIBSCHEN. Lugarejo na Suíça, próximo a Lucerna. A primeira vez em que Nietzsche visitou Richard e Cosima Wagner, que por lá moravam, foi em maio de 1869, ano em que foi chamado para a cátedra na Universidade da Basileia. Depois disso, as visitas prosseguiram e foram constantes; em três anos Nietzsche visitou os Wagner por vinte e três vezes. *O nascimento da tragédia* foi publicado em 1872, três anos depois do primeiro encontro com o compositor e sua esposa.

TRISTRAM SHANDY. Personagem de *The Life and Opinions of Tristram Shandy* (1759-1767, *A vida e as opiniões de Tristram Shandy*), obra em nove volumes de Laurence Sterne, iniciada no princípio da década de 1740.

VANITAS. "Vaidade".

VEDA. Conjunto de textos sagrados do hinduísmo bramânico que transmite hinos, fórmulas mágicas e exposições doutrinais; foram escritos em sânscrito a partir do segundo milênio antes da era cristã.

VIRTÙ. Em francês no original; "virtude".

VISCHER, Friedrich Theodor (1807-1887). Esteticista suábio, professor de literatura alemã e de estética; amigo do poeta Mörike e de David Strauss, uma das vítimas de Nietzsche. Sua estética – bastante respeitada no século XIX – é construída sobre a estrutura da filosofia de Hegel.

VITTORE EMANUELE. Ou Vítor Emanuel II (1820-1878), rei da Itália de 1849 a 1878; primeiro rei de seu país, desempenhou um papel decisivo no processo de unificação da Itália no fim do século XIX.

VOLTAIRE (1694-1778). Escritor francês, que merece o elogio de Nietzsche. Voltaire foi uma das figuras mais influentes do pensamento europeu no século XVIII, notável por seu combate ao clericalismo e à intolerância.

WAGNER, Richard (1813-1883). Compositor alemão. *Tristão e Isolda* – a ópera reverenciada por Nietzsche, composta de 1857 a 1859 – leva às últimas consequências o cromatismo romântico e chega a questionar o próprio sistema tonal – coisa que também já havia sido sinalizada por Liszt, seja dito –, predominante na música do Ocidente, e abre caminho às novas teorias musicais surgidas no século XX. A influência revolucionária da obra de Wagner deve-se tanto ao sucesso de suas criações quanto à violenta oposição que despertaram. Entre as primeiras obras de Wagner – aquelas que Nietzsche ainda considera "demasiado alemãs" – estão *Rienzi* (1840), uma ópera ao estilo de Meyerbeer, menosprezada pelos críticos e, mais tarde, pelo próprio autor; *O navio fantasma* (1841), influenciada pelo compositor Carl Maria von Weber, mas já apresentando o estilo pessoal de Wagner; *Tannhäuser* (1843), obra-prima de forte dramaticidade; e *Lohengrin* (1848), o primeiro drama musical, que concretizou o rompimento com a forma convencional da ópera. A tetralogia *O anel dos nibelungos* foi composta de 1856 a 1874. O "recreio" após o *Tristão* – Os mestres cantores de Nuremberg – foi composto em 1861.

WAGNER, Cosima (1837-1930). Diretora de arte francesa, filha de Franz Liszt e segunda mulher de Richard Wagner. A ironia da história toda é que Cosima era casada com o wagneriano Von Bülow ao se apaixonar por Wagner. A mulher organizou os festivais de música de Bayreuth depois da morte do marido, em 1883, até 1908; à época da escritura do *Ecce homo* ela já era viúva.

WIDMANN, Dr. V. (1842-1911). Poeta suíço de marca menor.

Posfácio

Uma vida – e a obra – em largas pinceladas

Marcelo Backes

Friedrich Wilhelm NIETZSCHE (1844-1900) nasceu em Röcken, na Saxônia, filho de uma família de pastores protestantes. Seu pai e seus dois avôs eram pastores. Aos dez anos já fazia suas primeiras composições musicais e aos catorze tornou-se professor numa Escola Rural em Pforta. Nessa época fez seu primeiro exercício autobiográfico, sinalizando a vinda do *Ecce homo,* trinta anos depois. "Da minha vida" é o título da obra de um autor que, em rala idade, já se sabia destinado a grandes tarefas. Mais tarde Nietzsche estudou Filologia e Teologia nas Universidades de Bonn e Leipzig.

Aos vinte anos, Nietzsche conheceu de perto a obra de uma de suas influências mais caras: Schopenhauer. Pouco depois prestou o serviço militar e entrou em contato – fascinado – com a música de Wagner. Aos vinte e quatro anos – e isso apenas confirma um gênio que se manifestou sempre precoce – Nietzsche foi chamado para a cadeira de Língua e Literatura Grega na Universidade de Basileia, na Suíça, ocupando-se também da disciplina de Filologia Clássica. O grau de Doutor – indispensável nas universidades alemãs – seria concedido a Nietzsche apenas alguns meses depois, pela Universidade de Leipzig. Sem qualquer prova e com um trabalho sobre "Homero e a filologia clássica", Nietzsche assumiu o título e mudou-se definitivamente para Basileia.

Com vinte e seis anos, em 1870, Nietzsche desenvolveu os aspectos teóricos de uma nova métrica na poesia, para ele, "o melhor achado filológico que tinha feito até então". Em 1872, escreveu sua primeira grande obra, *O nascimento da tragédia*, sobre a qual Wagner disse: "Jamais li obra tão bela quanto esta". O ensaio viria a se tornar um clássico na história da estética. Nele, Nietzsche sustenta que a tragédia grega surgiu da fusão de dois componentes: o apolíneo, que representava a medida e a ordem; e o dionisíaco, símbolo da paixão vital e da intuição. Segundo a tese de Nietzsche, Sócrates teria causado a morte da tragédia e a progressiva separação entre pensamento e vida ao impor o ideal racionalista apolíneo. As dez últimas seções da obra constituem uma rapsódia sobre o renascimento da tragédia a partir do espírito da música de Wagner. Daí que, elogiando Nietzsche, Wagner estava, na verdade, elogiando a si mesmo.

Logo a seguir, Nietzsche entrou em contato com a obra de Voltaire e, depois de uma pausa na produção, escreveu e publicou, em 1878, *Humano, demasiado humano – Um livro para espíritos livres*. Terminou, ao mesmo tempo, a amizade com o casal Wagner. As dores que Nietzsche já sentia há algum tempo progridem nessa época, e o filósofo escreve numa carta a uma amiga: "De dor e cansaço estou quase morto". Daí para diante a enxaqueca e o tormento nos olhos apenas fariam progredir.

Em 1882, Nietzsche publicou *A gaia ciência* e conheceu Paul Rée e Lou Salomé, com os quais manteve uma amizade a três, perturbada por constantes declarações de amor da parte dos dois homens a Lou Salomé. Os três viajaram e moraram juntos em várias cidades da Europa. Em 1883, Nietzsche publica *Assim falou Zaratustra* (Partes I e II), sua obra-prima. Em 1884 e 1885, viriam as partes restantes. Sob a máscara do lendário sábio persa, Nietzsche anuncia sua filosofia do eterno retorno e do super-homem, disposta a derrotar a moral cristã e o ascetismo servil.

Em 1885, Nietzsche leu e estudou as *Confissões* de Santo Agostinho, e, em 1887, descobriu Dostoiévski. Em 1888, produziu uma enxurrada de obras, entre elas o *Ecce homo* e *O Anticristo*. Em janeiro de 1889, sofreu um colapso ao passear pelas ruas de Turim e perdeu definitivamente a razão. Em Basileia, foi diagnosticada uma "paralisia progressiva", provavelmente originada por uma infecção sifilítica contraída na juventude.

Em 1891 – aproveitando-se da fraqueza de Nietzsche –, a irmã faz o primeiro ataque à obra do filósofo, impedindo a segunda edição do *Zaratustra*. A partir de então, Elisabeth (que voltara à Alemanha depois de viver durante anos no Paraguai com o marido, o líder antissemita Bernhard Förster, que se suicidou depois de ver malogrado seu projeto de fundar uma colônia ariana na América do Sul; Nietzsche sempre foi terminantemente contra o casamento)[1] passou a ditar as regras em relação ao legado de Nietzsche. E assim seria até 1935, quando veio a falecer. Nacionalista alemã fanática, assim como o marido morto, Elisabeth chegou a escrever uma biografia sobre o irmão. Na biografia, deturpou – a serviço dos ideais chauvinistas – os fatos biográficos e as opiniões políticas de Nietzsche, atribuindo caráter nacionalista às investidas do filósofo contra os valores cristãos e seus conceitos da "vontade de poder" e do "super-homem". A obra póstuma *A vontade de poder*, abandonada por Nietzsche, foi organizada pela irmã. Elisabeth reuniria arbitrariamente notas e rascunhos de Nietzsche, muitas vezes infiéis às ideias do autor. Antes de publicar uma

1. A opinião do filósofo acerca do cunhado aparece num dos trechos do ADENDO, relativo ao capítulo "O caso Wagner". (N.T.)

versão "definitiva" do *Ecce homo,* a irmã faria fama citando-o em folhetins e ensaios polêmicos, bem como na já referida biografia (1897-1904). Elisabeth chegou a falsificar algumas cartas do filósofo, responsáveis em parte pela má fama que cairia sobre ele anos mais tarde, como profeta da ideologia alemã que veio a culminar no nazismo. (Erich Podach diz que a irmã malversou, sim, o legado de Nietzsche, mas mostra-se coerente ao dizer que ela jamais teria alcançado ludibriar o mundo acadêmico e letrado da Alemanha inteira se esse mesmo mundo não estivesse preparado, e inclusive não sentisse uma espécie de "necessidade" disso.)

Em 1895, os sinais da paralisia avançam definitivamente e Nietzsche passa a apresentar sinais visíveis de perturbação nos movimentos dos membros. Em 25 de agosto de 1900, depois de penar sob o jugo da dor e da irmã, o filósofo falece em Weimar, cidade para a qual a família o levara junto com o arquivo de suas obras e escritos.

Fundamentais na reavaliação recente da obra de Nietzsche foram a biografia escrita pelo professor da Universidade de Basileia Curt Paul Janz, em três volumes (que desvendou, através de uma intensa pesquisa genética, aspectos da vida e da obra de Nietzsche até então desconhecidos), as investidas polêmicas de Erich Podach (ver ADENDO) e sobretudo a edição de suas Obras Completas encaminhada por Giorgio Colli e Mazzino Montinari, em 1969.

Coleção **L&PM** POCKET

1080.**Pedaços de um caderno manchado de vinho** – Bukowski
1081.**A ferro e fogo: tempo de solidão (vol.1)** – Josué Guimarães
1082.**A ferro e fogo: tempo de guerra (vol.2)** – Josué Guimarães
1084(17).**Desembarcando o Alzheimer** – Dr. Fernando Lucchese e Dra. Ana Hartmann
1085.**A maldição do espelho** – Agatha Christie
1086.**Uma breve história da filosofia** – Nigel Warburton
1088.**Heróis da História** – Will Durant
1089.**Concerto campestre** – L. A. de Assis Brasil
1090.**Morte nas nuvens** – Agatha Christie
1092.**Aventura em Bagdá** – Agatha Christie
1093.**O cavalo amarelo** – Agatha Christie
1094.**O método de interpretação dos sonhos** – Freud
1095.**Sonetos de amor e desamor** – Vários
1096.**120 tirinhas do Dilbert** – Scott Adams
1097.**200 fábulas de Esopo**
1098.**O curioso caso de Benjamin Button** – F. Scott Fitzgerald
1099.**Piadas para sempre: uma antologia para morrer de rir** – Visconde da Casa Verde
1100.**Hamlet (Mangá)** – Shakespeare
1101.**A arte da guerra (Mangá)** – Sun Tzu
1104.**As melhores histórias da Bíblia (vol.1)** – A. S. Franchini e Carmen Seganfredo
1105.**As melhores histórias da Bíblia (vol.2)** – A. S. Franchini e Carmen Seganfredo
1106.**Psicologia das massas e análise do eu** – Freud
1107.**Guerra Civil Espanhola** – Helen Graham
1108.**A autoestrada do sul e outras histórias** – Julio Cortázar
1109.**O mistério dos sete relógios** – Agatha Christie
1110.**Peanuts: Ninguém gosta de mim... (amor)** – Charles Schulz
1111.**Cadê o bolo?** – Mauricio de Sousa
1112.**O filósofo ignorante** – Voltaire
1113.**Totem e tabu** – Freud
1114.**Filosofia pré-socrática** – Catherine Osborne
1115.**Desejo de status** – Alain de Botton
1118.**Passageiro para Frankfurt** – Agatha Christie
1120.**Kill All Enemies** – Melvin Burgess
1121.**A morte da sra. McGinty** – Agatha Christie
1122.**Revolução Russa** – S. A. Smith
1123.**Até você, Capitu?** – Dalton Trevisan
1124.**O grande Gatsby (Mangá)** – F. S. Fitzgerald
1125.**Assim falou Zaratustra (Mangá)** – Nietzsche
1126. **Peanuts: É para isso que servem os amigos (amizade)** – Charles Schulz
1127(27).**Nietzsche** – Dorian Astor
1128.**Bidu: Hora do banho** – Mauricio de Sousa
1129.**O melhor do Macanudo Taurino** – Santiago
1130.**Radicci 30 anos** – Iotti
1131.**Show de sabores** – J.A. Pinheiro Machado
1132.**O prazer das palavras** – vol. 3 – Cláudio Moreno
1133.**Morte na praia** – Agatha Christie
1134.**O fardo** – Agatha Christie
1135.**Manifesto do Partido Comunista (Mangá)** – Marx & Engels
1136.**A metamorfose (Mangá)** – Franz Kafka
1137.**Por que você não se casou... ainda** – Tracy McMillan
1138.**Textos autobiográficos** – Bukowski
1139.**A importância de ser prudente** – Oscar Wilde
1140.**Sobre a vontade na natureza** – Arthur Schopenhauer
1141.**Dilbert (8)** – Scott Adams
1142.**Entre dois amores** – Agatha Christie
1143.**Cipreste triste** – Agatha Christie
1144.**Alguém viu uma assombração?** – Mauricio de Sousa
1145.**Mandela** – Elleke Boehmer
1146.**Retrato do artista quando jovem** – James Joyce
1147.**Zadig ou o destino** – Voltaire
1148.**O contrato social (Mangá)** – J.-J. Rousseau
1149.**Garfield fenomenal** – Jim Davis
1150.**A queda da América** – Allen Ginsberg
1151.**Música na noite & outros ensaios** – Aldous Huxley
1152.**Poesias inéditas & Poemas dramáticos** – Fernando Pessoa
1153.**Peanuts: Felicidade é...** – Charles M. Schulz
1154.**Mate-me por favor** – Legs McNeil e Gillian McCain
1155.**Assassinato no Expresso Oriente** – Agatha Christie
1156.**Um punhado de centeio** – Agatha Christie
1157.**A interpretação dos sonhos (Mangá)** – Freud
1158.**Peanuts: Você não entende o sentido da vida** – Charles M. Schulz
1159.**A dinastia Rothschild** – Herbert R. Lottman
1160.**A Mansão Hollow** – Agatha Christie
1161.**Nas montanhas da loucura** – H.P. Lovecraft
1162(28).**Napoleão Bonaparte** – Pascale Fautrier
1163.**Um corpo na biblioteca** – Agatha Christie
1164.**Inovação** – Mark Dodgson e David Gann
1165.**O que toda mulher deve saber sobre os homens: a afetividade masculina** – Walter Riso
1166.**O amor está no ar** – Mauricio de Sousa
1167.**Testemunha de acusação & outras histórias** – Agatha Christie
1168.**Etiqueta de bolso** – Celia Ribeiro
1169.**Poesia reunida (volume 3)** – Affonso Romano de Sant'Anna
1170.**Emma** – Jane Austen
1171.**Que seja em segredo** – Ana Miranda
1172.**Garfield sem apetite** – Jim Davis
1173.**Garfield: Foi mal...** – Jim Davis
1174.**Os irmãos Karamázov (Mangá)** – Dostoiévski
1175.**O Pequeno Príncipe** – Antoine de Saint-Exupéry
1176.**Peanuts: Ninguém mais tem o espírito aventureiro** – Charles M. Schulz
1177.**Assim falou Zaratustra** – Nietzsche

1178.**Morte no Nilo** – Agatha Christie
1179.**Ê, soneca boa** – Mauricio de Sousa
1180.**Garfield a todo o vapor** – Jim Davis
1181.**Em busca do tempo perdido (Mangá)** – Proust
1182.**Cai o pano: o último caso de Poirot** – Agatha Christie
1183.**Livro para colorir e relaxar** – Livro 1
1184.**Para colorir sem parar**
1185.**Os elefantes não esquecem** – Agatha Christie
1186.**Teoria da relatividade** – Albert Einstein
1187.**Compêndio da psicanálise** – Freud
1188.**Visões de Gerard** – Jack Kerouac
1189.**Fim de verão** – Mohiro Kitoh
1190.**Procurando diversão** – Mauricio de Sousa
1191.**E não sobrou nenhum e outras peças** – Agatha Christie
1192.**Ansiedade** – Daniel Freeman & Jason Freeman
1193.**Garfield: pausa para o almoço** – Jim Davis
1194.**Contos do dia e da noite** – Guy de Maupassant
1195.**O melhor de Hagar 7** – Dik Browne
1196(29).**Lou Andreas-Salomé** – Dorian Astor
1197(30).**Pasolini** – René de Ceccatty
1198.**O caso do Hotel Bertram** – Agatha Christie
1199.**Crônicas de motel** – Sam Shepard
1200.**Pequena filosofia da paz interior** – Catherine Rambert
1201.**Os sertões** – Euclides da Cunha
1202.**Treze à mesa** – Agatha Christie
1203.**Bíblia** – John Riches
1204.**Anjos** – David Albert Jones
1205.**As tirinhas do Guri de Uruguaiana 1** – Jair Kobe
1206.**Entre aspas (vol.1)** – Fernando Eichenberg
1207.**Escrita** – Andrew Robinson
1208.**O spleen de Paris: pequenos poemas em prosa** – Charles Baudelaire
1209.**Satíricon** – Petrônio
1210.**O avarento** – Molière
1211.**Queimando na água, afogando-se na chama** – Bukowski
1212.**Miscelânea septuagenária: contos e poemas** – Bukowski
1213.**Que filosofar é aprender a morrer e outros ensaios** – Montaigne
1214.**Da amizade e outros ensaios** – Montaigne
1215.**O medo à espreita e outras histórias** – H.P. Lovecraft
1216.**A obra de arte na era de sua reprodutibilidade técnica** – Walter Benjamin
1217.**Sobre a liberdade** – John Stuart Mill
1218.**O segredo de Chimneys** – Agatha Christie
1219.**Morte na rua Hickory** – Agatha Christie
1220.**Ulisses (Mangá) –** James Joyce
1221.**Ateísmo** – Julian Baggini
1222.**Os melhores contos de Katherine Mansfield** – Katherine Mansfield
1223(31).**Martin Luther King** – Alain Foix
1224.**Millôr Definitivo: uma antologia de *A Bíblia do Caos*** – Millôr Fernandes
1225.**O Clube das Terças-Feiras e outras histórias** – Agatha Christie
1226.**Por que sou tão sábio** – Nietzsche
1227.**Sobre a mentira** – Platão
1228.**Sobre a leitura *seguido do* Depoimento de Céleste Albaret** – Proust
1229.**O homem do terno marrom** – Agatha Christie
1230(32).**Jimi Hendrix** – Franck Médioni
1231.**Amor e amizade e outras histórias** – Jane Austen
1232.**Lady Susan, Os Watson e Sanditon** – Jane Austen
1233.**Uma breve história da ciência** – William Bynum
1234.**Macunaíma: o herói sem nenhum caráter** – Mário de Andrade
1235.**A máquina do tempo** – H.G. Wells
1236.**O homem invisível** – H.G. Wells
1237.**Os 36 estratagemas: manual secreto da arte da guerra** – Anônimo
1238.**A mina de ouro e outras histórias** – Agatha Christie
1239.**Pic** – Jack Kerouac
1240.**O habitante da escuridão e outros contos** – H.P. Lovecraft
1241.**O chamado de Cthulhu e outros contos** – H.P. Lovecraft
1242.**O melhor de Meu reino por um cavalo!** – Edição de Ivan Pinheiro Machado
1243.**A guerra dos mundos** – H.G. Wells
1244.**O caso da criada perfeita e outras histórias** – Agatha Christie
1245.**Morte por afogamento e outras histórias** – Agatha Christie
1246.**Assassinato no Comitê Central** – Manuel Vázquez Montalbán
1247.**O papai é pop** – Marcos Piangers
1248.**O papai é pop 2** – Marcos Piangers
1249.**A mamãe é rock** – Ana Cardoso
1250.**Paris boêmia** – Dan Franck
1251.**Paris libertária** – Dan Franck
1252.**Paris ocupada** – Dan Franck
1253.**Uma anedota infame** – Dostoiévski
1254.**O último dia de um condenado** – Victor Hugo
1255.**Nem só de caviar vive o homem** – J.M. Simmel
1256.**Amanhã é outro dia** – J.M. Simmel
1257.**Mulherzinhas** – Louisa May Alcott
1258.**Reforma Protestante** – Peter Marshall
1259.**História econômica global** – Robert C. Allen
1260(33).**Che Guevara** – Alain Foix
1261.**Câncer** – Nicholas James
1262.**Akhenaton** – Agatha Christie
1263.**Aforismos para a sabedoria de vida** – Arthur Schopenhauer
1264.**Uma história do mundo** – David Coimbra
1265.**Ame e não sofra** – Walter Riso
1266.**Desapegue-se!** – Walter Riso
1267.**Os Sousa: Uma famíla do barulho** – Mauricio de Sousa
1268.**Nico Demo: O rei da travessura** – Mauricio de Sousa
1269.**Testemunha de acusação e outras peças** – Agatha Christie

1270(34).**Dostoiévski** – Virgil Tanase
1271.**O melhor de Hagar 8** – Dik Browne
1272.**O melhor de Hagar 9** – Dik Browne
1273.**O melhor de Hagar 10** – Dik e Chris Browne
1274.**Considerações sobre o governo representativo** – John Stuart Mill
1275.**O homem Moisés e a religião monoteísta** – Freud
1276.**Inibição, sintoma e medo** – Freud
1277.**Além do princípio de prazer** – Freud
1278.**O direito de dizer não!** – Walter Riso
1279.**A arte de ser flexível** – Walter Riso
1280.**Casados e descasados** – August Strindberg
1281.**Da Terra à Lua** – Júlio Verne
1282.**Minhas galerias e meus pintores** – Kahnweiler
1283.**A arte do romance** – Virginia Woolf
1284.**Teatro completo v. 1: As aves da noite** ***seguido de*** **O visitante** – Hilda Hilst
1285.**Teatro completo v. 2: O verdugo** ***seguido de*** **A morte do patriarca** – Hilda Hilst
1286.**Teatro completo v. 3: O rato no muro** ***seguido de*** **Auto da barca de Camiri** – Hilda Hilst
1287.**Teatro completo v. 4: A empresa** ***seguido de*** **O novo sistema** – Hilda Hilst
1289.**Fora de mim** – Martha Medeiros
1290.**Divã** – Martha Medeiros
1291.**Sobre a genealogia da moral: um escrito polêmico** – Nietzsche
1292.**A consciência de Zeno** – Italo Svevo
1293.**Células-tronco** – Jonathan Slack
1294.**O fim do ciúme e outros contos** – Proust
1295.**A jangada** – Júlio Verne
1296.**A ilha do dr. Moreau** – H.G. Wells
1297.**Ninho de fidalgos** – Ivan Turguêniev
1298.**Jane Eyre** – Charlotte Brontë
1299.**Sobre gatos** – Bukowski
1300.**Sobre o amor** – Bukowski
1301.**Escrever para não enlouquecer** – Bukowski
1302.**222 receitas** – J. A. Pinheiro Machado
1303.**Reinações de Narizinho** – Monteiro Lobato
1304.**O Saci** – Monteiro Lobato
1305.**Memórias da Emília** – Monteiro Lobato
1306.**O Picapau Amarelo** – Monteiro Lobato
1307.**A reforma da Natureza** – Monteiro Lobato
1308.**Fábulas** ***seguido de*** **Histórias diversas** – Monteiro Lobato
1309.**Aventuras de Hans Staden** – Monteiro Lobato
1310.**Peter Pan** – Monteiro Lobato
1311.**Dom Quixote das crianças** – Monteiro Lobato
1312.**O Minotauro** – Monteiro Lobato
1313.**Um quarto só seu** – Virginia Woolf
1314.**Sonetos** – Shakespeare
1315(35).**Thoreau** Marie Berthoumieu e Laura El Makki
1316.**Teoria da arte** – Cynthia Freeland
1317.**A arte da prudência** – Baltasar Gracián
1318.**O louco** ***seguido de*** **Areia e espuma** – Khalil Gibran
1319.**O profeta** ***seguido de*** **O jardim do profeta** – Khalil Gibran
1320.**Jesus, o Filho do Homem** – Khalil Gibran
1321.**A luta** – Norman Mailer
1322.**Sobre o sofrimento do mundo e outros ensaios** – Schopenhauer
1323.**Epidemiologia** – Rodolfo Sacacci
1324.**Japão moderno** – Christopher Goto-Jones
1325.**A arte da meditação** – Matthieu Ricard
1326.**O adversário secreto** – Agatha Christie
1327.**Pollyanna** – Eleanor H. Porter
1328.**Espelhos** – Eduardo Galeano
1329.**A Vênus das peles** – Sacher-Masoch
1330.**O 18 de brumário de Luís Bonaparte** – Karl Marx
1331.**Um jogo para os vivos** – Patricia Highsmith
1332.**A tristeza pode esperar** – J.J. Camargo
1333.**Vinte poemas de amor e uma canção desesperada** – Pablo Neruda
1334.**Judaísmo** – Norman Solomon
1335.**Esquizofrenia** – Christopher Frith & Eve Johnstone
1336.**Seis personagens em busca de um autor** – Luigi Pirandello
1337.**A Fazenda dos Animais** – George Orwell
1338.**1984** – George Orwell
1339.**Ubu Rei** – Alfred Jarry
1340.**Sobre bêbados e bebidas** – Bukowski
1341.**Tempestade para os vivos e para os mortos** – Bukowski
1342.**Complicado** – Natsume Ono
1343.**Sobre o livre-arbítrio** – Schopenhauer
1344.**Uma breve história da literatura** – John Sutherland
1345.**Você fica tão sozinho às vezes que até faz sentido** – Bukowski
1346.**Um apartamento em Paris** – Guillaume Musso
1347.**Receitas fáceis e saborosas** – José Antonio Pinheiro Machado
1348.**Por que engordamos** – Gary Taubes
1349.**A fabulosa história do hospital** – Jean-Noël Fabiani
1350.**Voo noturno** ***seguido de*** **Terra dos homens** – Antoine de Saint-Exupéry
1351.**Doutor Sax** – Jack Kerouac
1352.**O livro do Tao e da virtude** – Lao-Tsé
1353.**Pista negra** – Antonio Manzini
1354.**A chave de vidro** – Dashiell Hammett
1355.**Martin Eden** – Jack London
1356.**Já te disse adeus, e agora, como te esqueço?** – Walter Riso
1357.**A viagem do descobrimento** – Eduardo Bueno
1358.**Náufragos, traficantes e degredados** – Eduardo Bueno
1359.**Retrato do Brasil** – Paulo Prado
1360.**Maravilhosamente imperfeito, escandalosamente feliz** – Walter Riso
1361.**É...** – Millôr Fernandes
1362.**Duas tábuas e uma paixão** – Millôr Fernandes
1363.**Selma e Sinatra** – Martha Medeiros
1364.**Tudo que eu queria te dizer** – Martha Medeiros
1365.**Várias histórias** – Machado de Assis

IMPRESSÃO:

PALLOTTI
GRÁFICA

Santa Maria - RS | Fone: (55) 3220.4500
www.graficapallotti.com.br